一看就懂

台灣博覽

The Illustrated Encyclopedia Of

Conventional Industries 新裝珍藏版

推薦▶序

產業史是台灣史的骨幹

　　台灣自十六世紀中葉以後，因位居東西海上貿易航路上，逐漸浮現於世界舞台，成為多元民族與文化相遇之地，展開其後波瀾壯闊的台灣史。台灣之所以成為許多政治勢力競逐之地，根源於產業和貿易目的。十七世紀初荷蘭人在台灣，蒐購台灣平埔族人獵得的梅花鹿，曾經年銷日本鹿皮三十萬張，成為台灣第一回合的外銷產業。其後以種植甘蔗所興起的糖業，歷經數百年都是台灣的重要產業。

　　清領台灣，漢人大量移墾台灣，建立各具特色的地域社會，並以平原農業與環海漁業之利，展開多元發展。1860年代台灣開港通商，西方商人紛紛來到台灣爭逐貿易利益，除傳統的糖業外，戮力開採煤礦、推廣種植茶葉，成為十九世紀跨越至二十世紀的重要產業。日治台灣，推動糖、鹽與茶葉走向有規模的近代化產業，同時大舉開發山林，發展林業，開採樟腦。平原地區生產的水稻和多樣的水果，也展現了台灣農產豐富的面貌。

　　近代以來，台灣傳統的傳統產業歷經盛衰，旗山曾為驕傲的香蕉王國，台灣外銷鳳梨在1970年代也曾擁有世界佔有率第一的成績。時至今日，台灣茶香仍飄散世界各地，享有盛名。

　　本書深入淺出的介紹台灣農、林、漁、礦各種產業，並及產業文化脈絡中的工藝美學與產業所遺留的文化資產。書中利用精美的圖解形式，配合簡易的條文解說，清楚生動的呈現產業與工藝的精采面貌。產業發展史是台灣史的骨幹，很高興看到出版這一本易讀易懂的書，一方面讓讀者可以博覽台灣產業與工藝，另一方面希望也可以從中瞭解歷代的台灣人的生活智慧以及刻苦耐勞所交織成的台灣歷史。

國立台灣歷史博物館前館長

呂理政

揭露傳統產業的神祕面紗

　　台灣是個多元民族共同生活過的地方，幾百年來，原住民、漢人、日本人、荷蘭人、西班牙人、法國人、東南亞各國的移民都曾經在台灣歷史的舞台上賣力的演出過。這個多元文化的特色，造就了台灣過往多采多姿的產業文明。

　　在台灣的歷史上，農業、林業、漁業、礦業、特色工藝都曾經有過輝煌的篇章，在不同時代裡，台灣以叢爾小島卻能在全球某些產業中獨領風騷。例如稻米、鳳梨、樟腦、砂糖、茶葉，台灣都曾經是世界上最重要的產地，甚至在民國40年到60年間，以適切的政策安排，開創了世人羨慕的台灣經濟奇蹟。鮪魚的漁獲量、草蝦、龍膽、石斑、虱目魚的養殖技術也讓台灣在全球漁業市場舉足輕重。琉璃、竹籐、陶瓷等傳統工藝也讓台灣的多元文化展現出驚人的魅力及世界級的評價。

　　《一看就懂台灣博覽》這本書，從歷史發展、產業技術、民俗文化等各種角度，為讀者逐一揭露這些曾經左右台灣社會的神秘面紗。

　　本書中，以多樣豐富的圖文闡述了台灣傳統農業的特色，並勾勒了有機農業的遠景；以精細的插畫圖解帶領讀者回顧台灣三寶—茶葉、砂糖、樟腦的歷史地位及產業結構；以珍貴圖片引導讀者進入時光隧道，親臨台灣漁業、礦業充滿汗水及豐收喜悅的現場；以傳統工藝家展示的精采作品，見證台灣多元文化的璀璨成就。

　　《一看就懂台灣博覽》是一本台灣產業文明的紀錄，也是台灣先民艱辛開墾的軌跡，是台灣人經濟文化的共同記憶，也是台灣人多元文化認同的結晶，盼望這本書的出版，能帶給年輕一代的讀者對台灣過往的了解，也對台灣現有的產業文化資產有更多的珍惜。

國立高雄師範大學
地理學系教授　吳連賞

如何使用本書

幾百年來，原住民、漢人、日本人、荷蘭人、西班牙人、法國人、東南亞各國的移民都曾經在台灣歷史的舞台上賣力的演出過；這個多元文化的特色，造就了台灣過往多采多姿的產業文明。

《一看就懂台灣博覽》從歷史發展、產業技術、民俗文化等各種角度，為讀者逐一揭露這些曾經左右台灣社會的神秘面紗。

各項產業、工藝主題以簡明標題標示，方便閱讀與檢索。

精采台灣產業、工藝主題與活動，以精細、生動的插畫照片，清楚的圖解說明，容易了解、輕鬆欣賞。

豐富的辭條，搭配簡明的文字，介紹台灣產業、工藝基本知識。

台灣茶業的歷史

台灣的茶葉譽滿全球，是足以代表性的台灣物產，早年，茶與樟腦、蔗糖在台灣對外貿易上扮演重要角色，除了促進清代台灣北部經濟的繁榮外，清代台灣大富豪板橋林維源及大稻埕李春生也都曾受益於茶葉貿易的興盛。

台灣最早的製茶紀錄

台灣現在知名的茶葉包種茶、烏龍茶都是從福建引進的茶種，台灣原生種茶樹並不是台灣製茶的原料。在清康熙五十六年（1717）《諸羅縣誌》與清乾隆元年(1736)《赤嵌筆談》都曾記載在南投的水沙連山裡有野生茶，但是茶性寒，原住民不敢飲用，漢人入山焙製的事。這是台灣先民利用野生茶烘焙茶葉最早的紀錄。

台灣種茶歷史大約200年

根據林馥泉所著《烏龍茶及包種茶製造學》記載，台灣茶樹的種植大約開始於清嘉慶十五年（1810）。在可以考證的民間契約書中，清道光七年（1827）已經有先民

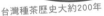

淡水開放通商後台灣茶葉開始外銷

清咸豐十年（1860）英法聯軍攻陷北京後，中國開放滬尾、基隆通商，開啟了台灣茶葉出口的新局面，清同治四年（1865），淡水出口茶葉8萬多公斤，這是台灣海關對茶葉出口的第一次紀錄。

租地種茶的記載。連橫的《台灣通史》記載，清嘉慶年間柯朝從福建引進茶種及技術，在鰈魚坑種植，並以茶樹種籽播種繁衍，所以推算台灣種茶的歷史大約起始於19世紀初期，至今大約200年。

早期台灣茶葉在大陸加工後轉出口

台灣先民在19世紀初期開始種植茶葉後，不久就開始與大陸有茶葉貿易的關係，大約清道光年間（1821－1850），台灣茶葉已經開始輸往大陸作精緻加工然後轉銷海外，官方也有對台灣茶葉抽稅的歷史紀錄，但是由於清朝海禁政策，台灣的茶葉出口大都經福建轉運。

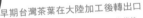
▓ 茶園。

▓ 清朝時期台北大稻埕的

清末時期外銷包

清光緒六年（1880口幾乎都是烏龍茶易的局面，隨著華取代。清光緒七年老在大稻埕設立包洋給嗜好花茶的福終未能超過烏龍茶當年在台灣茶葉

▓ 早期茶葉貿易興盛的大稻埕碼頭。

先民生活的重要燃料

及，現已經很少使用木炭當燃料，目前的木炭幾乎都靠進
式之前，木炭曾經是先民生活重要的燃料，以炭窯燒木炭的
期在台北北投、新竹、苗栗等丘陵地，因為盛產相思木，
重要出產地，當年木炭也是林業生產的重要產品。

燒木炭的步驟

❶ 將木材豎直地排列在窯內，並在頂端預留空隙，促進
熱氣流通。
❷ 利用磚塊或石頭將窯門封閉，以阻絕熱氣外洩。
❸ 不斷添加柴薪維持火燒不斷。經過數日不眠不休的燃
燒後，可抽出測試木觀看炭化的程度。
❹ 冷卻兩星期後，就可開窯將燒好的木炭搬出窯洞外。

木炭窯。

或龍眼樹，台灣
炭，製作時先將
的豎在窯裡，以
天，再冷卻約兩
能燒成6千斤左
至苦。

窯頂

窯身

相思樹或龍眼樹

❸ 燒火口

❹

林業

木炭窯內部構造及木炭構造圖

農業

台灣茶葉進軍國際功臣──杜德

清同治三年（1864），英國人杜德在淡
水開設寶順洋行從事貿易，清同治五年
（1866），杜德從福建安溪進口大量茶
苗與茶種，以貸款方式鼓勵淡水、三峽及
大溪的農民栽培茶葉，茶葉收成後再由寶
順洋行收購，初期將毛茶運至大陸加工出
口試銷，由於市場反應良好，杜德就在艋
舺及大稻埕建立茶葉精製廠。清同治八年
（1869），杜德精製的12萬多公斤烏龍茶
以「Formosa Tea」（台灣茶）品牌打開紐
約市場，帶動了台
灣茶葉的外銷，一
直到清光緒六年
（1880），台灣茶
葉外銷大幅成長，
一年出口達到540
萬多公斤，帶給台
灣茶商許多財富。

英商杜德像。

勺茶葉出
丁獨占貿
，逐漸被
茶商吳福
治外銷南
貿易量始
了包種花
地位。

全書分為五大類，
依序為農業、林
業、漁業、礦業、
工藝等。

與主題相關的全景或
細部的繪圖或照片。

● 與主題相關的補充知識，以
小專欄方式呈現。

● 附錄書中產業博物館資訊，
查詢便利及參訪。

日錄

Contents

林業⋯98

漁業⋯116

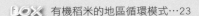

礦產…148

工藝…188

農業

台東縣關山鎮稻米

稻米是台灣人的主食

稻米是台灣人的主要糧食來源，水稻是台灣最主要的糧食作物。台灣氣候溫暖，平均日照及雨量充沛，非常適宜稻作生產。每年可以分兩期耕作，稻穀品質優良、產量豐盛。早期台灣的農田主要都是用來種稻，根據統計，在民國67年時，全台灣的稻作面積有78萬多公頃，佔耕地面積的89.5%，雖然隨著飲食習慣的改變，台灣人逐漸以水果、蔬菜取代了部分稻米的消費，台灣地區民國99年的稻米耕作面積也下降到24萬多公頃。

稻田。

稻米的分類

目前全世界的稻屬植物可能超過14萬種，作為糧食的主要是非洲米和亞洲米種。稻米裡的澱粉分為直鏈及支鏈兩種。直鏈澱粉越少，煮熟後會黏性越高。依稻米直鏈澱粉的含量，稻米可以粗分為秈稻、粳稻、糯稻三種。

秈稻(在來米)

秈稻含有約20%的直鏈澱粉，較不具黏性。一般種植在較熱的地區，外觀細長、透明度低，煮熟的飯較為乾、鬆。通常用來做蘿蔔糕、米粉、炒飯。日治時代以前，台灣的稻米只有秈稻。當時日本人稱之為在來米。

秈米。

秈米做成的米粉。

粳米。

粳米做成的飯。

糯米。

糯米做成的粽子。

農
業

稻米的結構

稻米有三個主要部分：種皮、胚芽及胚乳。

芒

毛

外稃

內稃

胚乳

胚乳是貯備發芽後養分的部分，含有許多澱粉、蛋白質。是米粒主要的食用部分。胚乳的外層與種皮間有糊粉層相接。

種皮

稻米的種皮由外側的果皮與內部之種皮組成，有保護胚及胚乳的作用，皮部含粗纖維、粗脂肪、蛋白質、維生素B1及無機質等，碾米時與胚芽一起成為米糠而剝離。

胚芽

胚芽是種子最主要的部分，是發芽時形成根與葉的基礎。胚芽含有脂質、氮、無機質，一般做成精米時會把胚芽當作米糠一起打掉。

穫穎

粳稻(蓬萊米)

粳稻的直鏈澱粉比秈稻少，低於15%。一般種植在溫帶和寒帶地區，外觀圓短、透明，是一般食用米的主要來源。日治時代由日本引進種植的粳稻米，曾回銷日本市場，當時日本人稱之為蓬萊米。

糯稻(糯米)

糯稻幾乎沒有直鏈澱粉，支鏈澱粉含量接近100%，黏性很高；分成外觀圓短的粳糯及外觀細長的秈糯，為不透明的白色米，煮熟後米飯較軟、黏。粳糯通常用來釀酒與製作米糕，秈糯則用來做八寶粥及粽子等。

成熟的稻子。

稻穗、稻花與稻穀

米是稻穀去殼產出的，一支稻穗大約可以開200到300朵稻花，一朵稻花會形成一粒稻穀。稻花沒有花瓣，是自體授粉，雄蕊上破裂的花藥會隨稻的搖擺落到旁邊的雌粉上，稻穀與雌粉子房中的胚珠結合發育成我們食用的稻米。

育苗。

插秧。

除草。

收穫。

稻米的栽培過程

整地：水稻栽培前，要先整理田地，鬆軟土面，使水稻根系日後能順利生長。

育苗：目前的育苗均由水稻育苗中心採用育苗箱育成，不用農民自己育苗。

插秧：農民以插秧機把秧苗整齊淺植於田裡，使稻株能順利生長。

除草：插秧後以藥劑進行雜草防除，有機栽培則利用苦茶粕、粗糠等方法進行防除。

施肥：稻米在整地時就會施用基肥，在生長期間會施用追肥幫助稻株成長，幼穗形期再施用穗肥以增加產量。

灌排水：水稻要依據不同生育階段進行灌排水，在插秧後、幼穗形成期及抽穗開花期要深水灌溉，在水稻成長分枝的分蘗盛期則會斷水晒田。

台東縣關山鎮稻米。

病蟲害防治： 台灣水稻常有稻熱病、白葉枯病、紋枯病、褐飛蝨等病蟲害，慣性栽培時會以農藥防治，有機栽培時就要靠鴨子等蟲害的天敵幫忙除蟲。

收穫： 在稻穗成熟後，以人工收割打穀或用機器收穫稻米。

乾燥篩選： 收成的稻穀需要經過乾燥，古早多半在三合院的前院曬穀，現代則以乾燥機處理。乾燥後的稻穀需要用分穀機、風穀等工具篩選，將稻穀中的雜質去掉。

稻米加工

稻穀加工去皮之後就成為米。初步去殼後，仍然保留皮層、糊粉層和胚芽的米叫糙米。營養價值較高，但煮食時間較長。糙米加工後去除糠層保留胚及胚乳，成為胚芽米，是糙米和白米的中間產物。糙米加工後去除糠層、去除胚只保留胚乳，就成為白米，是市面主要的食用米。

稻穀

糙米

胚芽米

白米

打稻穀的風鼓機。

多樣化的米食

稻穀加工變成米之後，可以烹調成許多米食，台灣常見的米食有飯、粥、米粉、米香、年糕、米糕、碗粿、湯圓、粽子等等，無論是家庭用餐、夜市小吃、餐宴酒席，米都是台灣飲食文化裡不可缺少的食材。

▌地瓜飯。

▌米粉。

粄條

把在來米磨製成米漿，平鋪於平底鍋上，再將平底鍋放到蒸籠裡蒸熟，就能做成白透的米粄，切成細條狀就是粄條，可以拌上甜麵醬、辣醬、蒜汁、蝦米、豬肉絲或雞肉絲一起吃，是營養可口的餐點。

稻米煮成的飯與粥

常見的米食是飯與粥。以一杯米加一杯左右的水，可以煮出裡面全熟，且整鍋不留水份的飯。以一杯米加三杯以上的水，可以煮出糜爛膨脹且帶有相當多的水份的粥。

米粉

把在來米浸水後磨成漿，經過煮熟或蒸熟後，加工製作成細條狀，再進行乾燥程序就成了好吃的米粉原料，食用時可以做成湯米粉或炒米粉，台灣以新竹的米粉最為知名。

▌客家粄條。

農業

米香（俗稱爆米香）

台灣的傳統零食，用米香機加高溫烘焙，當米粒烘焙熟透時，拉開米香機會產生巨大氣爆聲，然後取出膨脹熟透的米粒混合糖漿等調理成米香。

紅龜粿

用糯米、在來米漿加上紅色顏料混合蒸煮，再加上豆沙等餡料，做出吉利、喜氣的紅龜粿。

菜頭粿（蘿蔔糕）

把蘿蔔切碎跟米漿一起混合蒸煮，再加上蝦米、蔥薑蒜等香料，就可以做出好吃的菜頭粿。

碗粿

把在來米漿加上太白粉一起混合蒸煮，再加上蛋黃、蘿蔔乾或其他香料，就可以做出好吃的碗粿。

發粿

把細砂糖、在來米粉、低筋麵粉、泡打粉拌水和勻，發麵約30分鐘後裝碗，以大火蒸熟即可做成好吃的發粿。

米苔目

把在來米磨的粉與樹薯粉或玉米粉，加入沸水中攪拌成米糰，再以機器擠壓成條狀，就可以做成米苔目。

麻糬

糯米做成的食品，常拌花生粉食用，美味可口。

湯圓

台灣人常吃的糯米食品，也是冬至的節令食物。

粽子

以肉粽最為常見，用竹葉等材料包裹糯米及如滷肉、鹹蛋等輔料，以煮或蒸做成。

客家婦女製作節慶或生男孩時用的紅粄與新丁粄。

米食與民俗

米在台灣人的傳統生活中舉足輕重,也衍生了許多與米有關的民俗文化。常見的包括家裡生下男孩子,在孩子滿月時要贈送親友糯米做的油飯;在農曆年時要吃年糕或發糕;在冬至及元宵節時吃湯圓;在端午節吃粽子等習俗,由這些民間習俗可以看出米食與先民生活的緊密關係。

稻米的諺語

台灣有關米的諺語很多,由這些流行的諺語可以看出米對台灣生活的影響。如:「巧婦難為無米之炊」,表示即使是能幹的婦女,沒有米也是做不出飯來的。以比喻做事缺少必要條件,很難成功。如「食鹽多過你食米」,表示自己經驗比他人豐富。如一樣米養百樣人,意思是吃同樣的米,卻養活了許多不同的人來。比喻社會上形形色色的人都有。而「吃米不知米價」,形容一個人對周遭事物的不進入狀況等等。

早期碾米機—土礱。

甜湯圓(圖右)、鹹湯圓(圖左)。

農業

大甲稻米文化館

農村打稻模型

不同的稻種

紅龜粿

稻草編織工藝

大甲稻米產業文化館

稻米向來是台灣農村主要的作物，稻米產生的米食文化，是台灣民眾傳統文化中重要的一環。為了保存台灣稻米產業文化資料、記錄稻作發展過程，大甲農會於民國89年成立了稻米產業文化館，紀錄了稻米文化的種種資訊。

稻米產業文化館內分為水田生態區、稻米概況區、稻米分佈區、稻殼文化區、二十四節氣和稻草文化區、古農具體驗室和稻鄉文化區、米食人生區、百年糧政區、電腦測驗區和農會的農特產品展示區等，展覽內容相當豐富完備。

稻米產業文化館不但可以勾起老一輩對農田生活的回憶，也提供現代的學童利用戶外教學的模式，生動的了解稻作的生產、生態。同時稻米產業文化館建置的數位稻米兒童館，也讓台灣其他地區的學童，可以藉由網路增進對台灣稻米產業文化的認識。

有機米

民國56年，台灣每人的稻食用量年平均高達141公斤，此後逐年下降，到民國92年以後每人年平均稻米食用量甚至跌破50公斤。民國91年台灣加入WTO後，開放外國米進口，稻米市場開始出現多元的現象，但是消費者對稻米品質及衛生的要求也提高很多，在越來越重視環保的意識下，台灣生產有機稻米的農民也日益增加。

CAS有機認證標誌。

有機稻米的耕作

池上有機米。

有機稻米的耕作是遵守自然資源循環與永續利用原則，不允許使用合成化學物質，強調水土資源保育與生態平衡之管理系統，以生產出自然安全的稻米。所以有機稻米生產過程裡，絕對不能用化學肥料及農藥。有機稻米生產成本較高，但是也相對比較環保、比較健康。

放養鴨子吃蟲的有機稻田。

有機稻米的肥料

有機稻米可以選擇的肥料包括畜牧廢棄物、工業廢棄物與副產品之利用等有機物。畜牧廢棄物有牛糞、豬糞、雞糞等；工業廢棄物與副產品有矽酸爐渣、油粕類、穀殼、酒廠廢渣等。也可以掩埋前作水稻收穫時的稻草或是利用稻田休閒期間種植田菁、豆科等具有氮源的綠肥作物。這些自然的施肥方法可以補充稻米耕作時土壤及植物需要的養分。

有機稻米的病蟲害防治

有機稻米的病蟲害防治不使用農藥，常見的方法有運用菜鴨等病蟲天敵協助除蟲、噴灑生物性的蘇力菌殺蟲，或是施作含有植物性皂鹼苦茶粕等方法。

有機稻米的認證

台灣的稻米要使用有機稻米的名義販賣，必須在生產、加工、分裝及流通等過程裡，都符合農委會訂定的有機規範，並且經過驗證合格，才能以有機名義販賣。

有機稻米的地區循環模式

南投的有機稻米耕作者陳明煌發現，洗米水中有鈣、磷、鎂、鉀等成分，放置5、6天，自然發酵之後，會產生大量的乳酸菌、酵母菌、光合菌、固氮菌等微生物菌，可以形成讓植物體迅速吸收的液肥，因發酵產生的乳酸菌味還可以驅蟲。有機稻田利用這個方法形成一個有機的循環生產模式。

❶ 農夫施灑有機肥料水，種植有機稻米

❹ 洗米水靜置5、6天後自然發酵，產生可施肥又可驅蟲的有機肥料水，然後再交給農夫們使用。

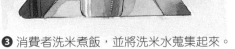

❷ 稻米收成後，賣給附近的消費者。

❸ 消費者洗米煮飯，並將洗米水蒐集起來。

台灣茶業的歷史

台灣的茶葉譽滿全球，是足以代表性的台灣物產，早年，茶與樟腦、蔗糖在台灣對外貿易上扮演重要角色，除了促進清代台灣北部經濟的繁榮外，清代台灣大富豪板橋林維源及大稻埕李春生也都曾受益於茶葉貿易的興盛。

台灣最早的製茶紀錄

台灣現在知名的茶葉包種茶、烏龍茶都是從福建引進的茶種，台灣原生種茶樹並不是台灣製茶的原料。在清康熙五十六年（1717）《諸羅縣誌》與清乾隆元年(1736)《赤嵌筆談》都曾記載在南投的水沙連山裡有野生茶，但是茶性寒，原住民不敢飲用，漢人入山焙製的事。這是台灣先民利用野生茶烘焙茶葉最早的紀錄。

台灣種茶歷史大約200年

根據林馥泉所著《烏龍茶及包種茶製造學》記載，台灣茶樹的種植大約開始於清嘉慶十五年（1810）。在可以考證的民間契約書中，清道光七年（1827）已經有先民租地種茶的記載。連橫的《台灣通史》記載，清嘉慶年間柯朝從福建引進茶種及技術，在鰈魚坑種植，並以茶樹種籽播種繁衍，所以推算台灣種茶的歷史大約起始於19世紀初期，至今大約200年。

早期台灣茶葉在大陸加工後轉出口

台灣先民在19世紀初期開始種植茶葉後，不久就開始與大陸有茶葉貿易的關係，大約清道光年間（1821－1850），台灣茶葉已經開始輸往大陸作精緻加工然後轉銷海外，官方也有對台灣茶葉抽稅的歷史紀錄，但是由於清朝海禁政策，台灣的茶葉出口大都經福建轉運。

淡水開放通商後台灣茶葉開始外銷

清咸豐十年（1860）英法聯軍攻陷北京後，中國開放滬尾、基隆通商，開啟了台灣茶葉出口的新局面，清同治四年（1865），淡水出口茶葉8萬多公斤，這是台灣海關對茶葉出口的第一次紀錄。

早期茶葉貿易興盛的大稻埕碼頭。

▌茶園。

▌清朝時期台北大稻埕的製茶產業。

清末時期外銷包種花茶

清光緒六年（1880）以前，台灣的茶葉出口幾乎都是烏龍茶，原來外商洋行獨占貿易的局面，隨著華商資本的興起，逐漸被取代。清光緒七年（1881）福建茶商吳福老在大稻埕設立包種花茶廠，開始外銷南洋給嗜好花茶的福建移民，雖然貿易量始終未能超過烏龍茶，但是也奠定了包種花茶當年在台灣茶葉中舉足輕重的地位。

台灣茶葉進軍國際功臣──杜德

清同治三年（1864），英國人杜德在淡水開設寶順洋行從事貿易，清同治五年（1866），杜德從福建安溪進口大量茶苗與茶種，以貸款方式鼓勵淡水、三峽及大溪的農民栽培茶葉，茶葉收成後再由寶順洋行收購，初期將毛茶運至大陸加工出口試銷，由於市場反應良好，杜德就在艋舺及大稻埕建立茶葉精製廠。清同治八年（1869），杜德精製的12萬多公斤烏龍茶以「Formosa Tea」（台灣茶）品牌打開紐約市場，帶動了台灣茶葉的外銷，一直到清光緒六年（1880），台灣茶葉外銷大幅成長，一年出口達到540萬多公斤，帶給台灣茶商許多財富。

▌英商杜德像。

臺灣茶之興起

西元1865年英商John Dodd前來臺灣，在買辦李春生（有臺灣茶業之父之稱）的協助下，勸誘淡水農民改種茶樹。次年引進安溪茶種，貸放該地農民，鼓勵種茶並包收製，運至廈門烘製。1867年試銷澳門，售價良好。1868年，Dodd在臺北設立精製廠，製造烏龍茶，並在1869年將213,000斤的烏龍茶，由淡水直銷紐約，大受歡迎。由於是打著Formosa Tea的商標，從此臺灣茶的聲名遠播。之後，外商陸續來臺設立洋行，福建茶商也陸續前來設立茶行，從事茶葉生意，臺灣茶業自此興起。

臺灣茶葉之父-李春生
The Father of Taiwan tea-leaf - Mr. Chung-Sheng Li
台湾でお茶の父李春生

The Prosperity of Taiwan /Formosa Tea Industry

In the year of 1865, a British businessman, Mr. John Dodd, visited Taiwan and successfully persuaded the local farmers into planting tea trees through the supports form a procurement officer, Mr. Chung-Sheng Li (awarded the Father of Taiwan tea-leaf later). Next year, they introduced the species of Anshi tea into Taiwan, and encouraged the farmers to grow this tea species by granting capital loans and guaranteeing the buyouts. Afterwards, the harvested tea leaves were shipped to Xiamen to be baked. The finished products were conducted the trial sales in Macau in 1867 and even earned great market prices. In 1868, Mr. Dodd established a refinery to produce Oolong tea in Taipei. In 1869, he shipped 213,000 catties of Oolong tea to New York directly from Tamshui, and received great positive responses. Because 'Formosa Tea' was used as the trademark, Taiwanese tea gained its worldwide well-known reputation since then.

台湾製茶業の始まり

1865年にイギリスの商人John Doddが来台し、当時貿易仲介人—李春生（台湾でお茶の父と称する）の協力により、淡水の農民たちにお茶の栽培を勧めはじめた。翌年、中国の安溪から種を輸入し、農民たちに貸付をしながら、お茶の栽培に力を尽くした。お茶を収穫してから、全部買い求め、再び中国の廈門まで送り、乾燥の作業をそこで完成された。1867年に初めてマカオに販売してみた結果、売り上げはよかった。1868年Doddが台北で精製場を設立し、ウーロン茶を製造し始めた。更に1869年に21万3千斤（12万3千百キロ）のウーロン茶を淡水からニューヨークまで輸出し、非常にいい評判になった。よって、Formosa Teaというブランドにより、台湾茶を広く知られてきた。外資企業が台湾に来て商社を作ることもあったため、また中国福建の製茶会社も台湾で支店を成立した。それ以来、台湾の製茶業はますます繁盛になってきた。

臺灣茶外銷市場首張海報
Taiwan tea export market first playbill
台灣のお茶は市場の第一枚のポスターを輸出

照片提供:臺北市茶商業同業公會

台灣茶的興起海報(坪林茶葉博物館)。

日治時代外銷主流是紅茶

日治時代，日本政府為配合日本企業在台灣生產紅茶的策略，陸續在台灣成立茶樹栽培試驗場及製茶試驗場， 帶動了台灣製茶業走向機械化生產。同時期日本也建立起統一的茶葉產銷體系，並參加國際博覽會，帶動了20世紀上半的台灣茶葉外銷佳績。此時台灣紅茶的出口逐漸超越烏龍茶與包種茶，尤其是「日東紅茶」更是能與「立頓紅茶」一爭長短的台灣品牌。

早期的台灣茶葉廣告。

農業

光復後民營茶業的商標。

光復初期外銷主流是綠茶

台灣光復後，國民政府整合原來日本的茶業公司為台灣農林公司，繼續經營紅茶外銷業務，並因應國際市場需求，開始生產綠茶，此後到民國七十年（1981）綠茶一直佔有台灣的茶葉出口量一半以上，成為台灣茶葉外銷的主流。

現今以內銷為主的台灣茶葉

民國七十四年（1985）以後，因為台灣生產成本大增、台灣國民所得增加帶動高級茶葉需求擴增及台灣罐裝茶飲料崛起等因素，使得台灣茶葉由出超轉為入超，

台灣的本土茶葉生產，以供應台灣本地消費者精緻的飲茶需求為主。主要的茶葉種類也由日治時代的紅茶、綠茶轉為烏龍茶、包種茶等特色茶。

台東茶園。

當年賣茶致富的台灣人

據日治時代台灣總督府的調查，當時台北地區有三大富豪：排名第一的是板橋林家四代的林維源，有資產1億1000萬銀圓；排名第二的是大稻埕的李春生，有資產120萬銀圓；排名第三的是艋舺的洪合益，有資產20萬銀圓。其中林維源和李春生的財富都和茶葉有關。林維源的建祥號是當時最大的茶葉商號。李春生則曾為英商杜德的寶順洋行總管，日後並以出口台灣茶葉發家，被稱為台灣茶葉之父。

李春生。

台灣的茶園分布

茶樹最佳的生長環境，需要合適的日照、溫度、地形與水分。台灣的主要茶園集中在中、北部的丘陵與海拔1200公尺以下的山區。台灣現有茶園約2萬多公頃，分佈在台北、桃園、新竹、苗栗、南投、雲林、嘉義、高雄、台東、花蓮、宜蘭等縣市，年生產茶葉約2萬多公噸，目前以內銷為主。

北部的坪林北勢溪谷茶園。

適合茶樹的生長環境

茶樹的適應性很強，從北緯38度到南緯30度的地區均可以栽種，但以亞熱帶及熱帶地區的氣候最適宜。最適宜茶樹生長的溫度是16到22度，溫度太高時茶樹生長過快，品質不好。溫度較低或日夜溫差大時生長緩慢，品質較佳。最適合茶樹生長的水分條件是年雨量2000到2500公厘之間，且較少強風吹襲的地區。所以台灣中、北部許多山區都是茶樹生長的好地方。

南部阿里山的茶園。

以文山包種茶為主的北部茶區

台灣北部的新店、坪林、深坑、石碇、汐止、平溪等地以生產文山包種茶為主。三峽的茶區以龍井及碧螺春為主。木柵茶區以鐵觀音最有名。南港地區則生產南港包種茶。

桃竹苗茶區的茶葉

桃園茶區知名的茶有：龍潭龍泉包種茶、大溪的梅台茶、復興的武嶺、蘆竹的蘆峰烏龍茶、楊梅的秀才茶。新竹茶區的知名茶種是峨眉及北埔的東方美人（椪風茶）。苗栗茶區有苗栗烏龍茶系的明德茶、仙山茶、龍鳳茶、巖茶及苗栗椪風茶。

農業

茶業改良場

位於桃園楊梅的茶業改良場，是台灣的茶業輔導專業機構，負責台灣茶業的試驗研究、產製銷技術改進、推廣教育等工作，茶改場的前身是日治時代的「台灣總督府殖產局附屬製茶試驗場」，創立於日本明治三十六年(1903)，目前為農業委員會所屬單位，茶改場下屬包括有文山、魚池、台東三個分場及凍頂工作站。茶業改良場對台灣的優良茶樹品種培育、茶園栽培及管理技術改進、茶樹病蟲害防治技術、製茶技術改良等工作有很大貢獻。

▌茶葉。

宜蘭茶區的茶葉

宜蘭茶區知名的茶有大同的玉蘭茶、冬山武荖坑的素馨茶、三星的上將茶及礁溪的五峰茗茶等。

花東茶區的茶葉

花東茶區知名的茶有：台東鹿野的福鹿茶、太麻里與金峰的太峰高山茶、花蓮舞鶴的天鶴茶及大禹嶺高冷茶。

中部茶區的茶葉

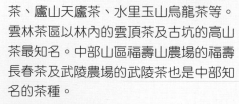

中部茶區知名的茶種有：南投鹿谷凍頂烏龍茶、竹山松柏長青茶、霧社天霧茶、盧山天盧茶、水里玉山烏龍茶等。雲林茶區以林內的雲頂茶及古坑的高山茶最知名。中部山區福壽山農場的福壽長春茶及武陵農場的武陵茶也是中部知名的茶種。

南部茶區的茶葉

台灣南部最知名的茶葉應該是阿里山公路、鐵路沿線茶區的阿里山高山茶。此外，高雄六龜的清心烏龍與金萱茶、台灣最南部茶區的屏東滿洲港口茶，也是南部茶區的特色茶葉。

茶樹的一生

茶樹跟其他的生物一樣，都是具有生命的有機體，也具有獨特的生物學特性。
茶樹的一生可分為五個週期，包括種子期、幼苗期、幼年期、成年期、衰老
期。茶樹在這五個階段都有不同的生命過程，構成茶樹完美的一生。

茶花
種子

茶樹的花及種子

將近一年的種子期

從茶樹的花受精後，子房中的胚珠開始發育結成
種子，到種子萌發前，稱為種子期。一般茶樹自
開花至果實成熟的種子期，平均需348天。

幼苗期

種子落地後，吸水膨脹，脹破種皮後，胚根首先生
長，當胚根向下生長10至15公分時，胚芽開始逐漸
生長，並向上破土而出，這種現象謂之種子萌發，此
時所需的養分，是由種子內子葉的貯藏物質經溶解後
供給的。胚芽出土後，鱗片首先展開，其次為魚葉，
最後才展開真葉。當真葉展開3至5片時，莖頂端的頂
芽，開始形成休眠芽，此為第一次生長休止期。

幼年期

又稱青年期或幼木期，是指茶樹從
第一次生長休止期到第一次現蕾開
花開始投產前為止。幼年期茶樹的
生育十分旺盛，其時間長短與栽
培管理水平及自然條件有密切的關
係。一般而言，約為3至5年。

葉尖
葉片
主脈
葉緣
側脈
葉柄
葉基

採摘芽

茶樹上的莖、葉和花都是由茶芽發育而來的，生於茶樹上方枝條，具有經濟生產價值的新生幼嫩芽葉，統稱為「採摘芽」。採摘芽在採摘加工前叫做「茶菁」，是加

對口芽
休眠芽

工製成茶葉的基本原料。一般茶葉如任其生長，每芽可發育5至10葉不等，而採摘芽葉則僅採1心2至3葉。

成年期

也稱青壯年期或成木期，是指茶樹從正式投產到第一次進行更新改造為止。此時產量、品質均處高峰階段，且茶樹隨著樹齡的增長而分枝愈多，其樹冠也較茂密，樹型開展形成較大的覆蓋面，至於根系也隨茶樹齡增長而不斷地分化，形成具有發達的側根群。這個階段大約可達20至30年。

衰老期

從第一次更新改造到整株茶樹死亡為止。這一時期的長短隨著栽培管理、外在條件及品種而有很大的差異，一般可達數10年，有的茶樹從生到死可以歷時百年以上。但是囿於栽培管理的因素，其經濟栽培年限大約只有30至50年時間，短者只有15至20年。

茶園的水土保持

台灣的茶園多在丘陵與山區，因此水土保持工作是茶園經營很重要的工作，也是台灣茶園地形與地貌結構的重要因素。

❶等高耕作

等高耕作是在坡度15度以下的茶園坡面上，沿著等高線方向實施耕犁、作畦及栽培的作業。

❷山邊溝

茶園在每隔適當的距離，沿著等高方向，挖築淺三角形的溝道，可以防止沖蝕，也兼作茶園的作業道路。

❸平台階段

坡度在15度至28度的茶園，會在每隔適當的距離，沿著等高方向，築成多條連續水平或微斜的平台階段，以便種植茶樹。

農
業

台灣茶園的水土保持方法

一般坡度在15度以下的茶園，可採行等高耕作配合山邊溝方式種茶；坡度超過15度未達28度的茶園，則以構築平台階段方式種茶；坡度過陡之山坡地不合適超限利用種茶。茶園水土保持應注意茶園內的道路設計、排蓄水、灌溉設施等問題，以避免造成表土沖刷。在容易發生土壤沖蝕或崩塌的地方，會增加必要的保護措施，如山邊溝、排水溝、植草及茶林間作等。

❹植草
茶園在平台階段的台壁上會種植適當的草類植物，以防止沖蝕、保護平台階段安全。

❺排水溝
茶園內設置的排除水流、防止沖蝕的安全排水系統。

❻灌溉設施
茶園內建有管道、蓄水池及末端噴灑設備等灌溉設施。

❼作業道
茶園裡方便採茶及小型機械進出的小型道路系統。

❽園內道
連結茶園外的農路及園內作業道的道路系統，是茶園對外的交通路線。

❾防風林
為防止強風侵襲，保護茶園環境，很多茶園實施茶林間作，在茶園四周或茶園內空地種植防風林木，既可防風又可保護水土。

9

包種茶製造過程

茶葉製造分為初製與精製兩個階段。初製階段包括日光萎凋、室內靜置萎凋及攪拌、炒菁、揉捻、布球揉捻(限球型或半球型)、乾燥等過程,製成的成品稱為「初製茶」或「毛茶」,因品質不純淨,外形粗細、大小、長短不一,滋味青澀,所以是半成品,還必須經過揀茶、烘焙及真空包裝等精製過程,才是高級完善的精緻飲品。

初製過程

初製❶ 採茶

台灣高山茶區及坡地茶園大都以手採茶為主,其採摘方式是用食指與姆指挾住葉間幼梗的中間部位,藉兩指的彈力將茶葉折斷,部分地區還會採用「掛刀」採茶,也就是用膠帶將刀片纏繞食指上,再利用刀鋒將茶葉削斷。

茶樹一年可採摘多次,當芽葉伸長至一心5、6葉時,即可採一心2至3葉供做製茶茶菁,採摘時間以中午12時至下午3時前最佳,採好的茶菁要放置在陰涼通風的地方,避免擠壓,以保持茶菁新鮮度。

初製❷ 日光萎凋

日光萎凋是將茶菁攤於麻布埕或笳上,在日光照射下進行萎凋,促進茶菁水分的蒸散及進行發酵作用。其萎凋程度以觀察茶菁的第二葉或對口第一葉的光澤消失,葉面呈波浪狀起伏,以手觸摸有柔軟感,聞之菁味已消失而有茶香,且茶菁重量約減少8%至15%,即表示已達適當程度。

農業

初製❸ 室內靜置萎凋及攪拌

室內靜置萎凋及攪拌是繼續日光萎凋或熱風萎凋所引發的發酵作用，使茶葉繼續進行部分發酵，產生包種茶特有的滋味、香氣，並且運用雙手的微力翻動茶葉，使茶葉因互相摩擦而引起葉緣細胞破損，空氣易於進入葉肉細胞促進發酵作用，同時藉由翻動使茶葉水分蒸散均勻。

初製❹ 炒菁

炒菁是以高溫破壞酵素活性，抑制茶葉發酵，以保有包種茶特有的滋味、香氣，並因茶葉水分含量減少而使葉質柔軟，以利於之後揉捻的操作。其時間因茶葉性質及投入量而異，一般以炒至無臭菁味，以手握茶質柔軟具彈性且芳香撲鼻即可。

初製過程❺❻❼ 精製過程Ⓐ Ⓑ Ⓒ Ⓓ ➡

初製❺ 揉捻

揉捻是應用機械的力量使茶葉轉動相互摩擦，造成芽葉部分組織細胞破壞，汁液流出附在芽葉表面，經乾燥凝固後便於沖泡溶出。此外還具有整形的作用，使茶葉捲曲成為條狀。

初製❻ 布球揉捻

揉捻初乾後所進行的布球揉捻又稱「團揉」，是球型或半球型包種茶成形的重要過程。其製法是將茶葉包裹在特製的布巾或布球袋內，將其緊握包成團狀，再以手工或機器來回搓壓，過程中須不時把布巾攤開，將茶葉鬆開散熱，重複多次後，茶葉外形逐漸緊結成球型或半球型，更利於包裝、運輸及貯存。

初製❼ 乾燥

利用高溫停止炒菁時殘留的酵素活性，使茶葉不再發酵，固定茶葉品質，並利用乾燥去除菁臭味、澀味及改善茶葉香氣和滋味，使茶湯水色澄清豔麗。

凡完成上述製程的茶葉，即稱為「初製茶」或「毛茶」。

農
業

精製過程

精製Ⓐ 揀茶

揀茶是將毛茶的老葉、茶梗、黃片
以及其他夾雜物揀去，量少時可置
於笳上揀茶，量多時再由人工在帆
布輸送帶的兩旁揀剔。

精製Ⓑ 烘焙

茶葉在進行包裝前必須經過再乾
燥，以降低水分，一方面可確保貯
存期間品質，另一方面可焙火補足
香氣。

精製Ⓒ 真空包裝

茶葉極易因潮濕、吸收異味，以及光
照、高溫而使茶葉在貯存期間變差，
若以鋁箔積層袋再加抽至真空或添加
脫氧劑，可以防濕、阻光、隔絕空
氣，避免茶葉品質劣變。

精製Ⓓ 成品

最後將真空包裝的茶葉放入精
美的茶罐內，既可防止茶葉擠
壓，又可美觀包裝，達到促銷
茶葉的目的。

學會選好茶

台灣茶葉種類非常多，茶葉種類達數十種以上。要多
觀察、多品嚐、多接觸，才能在多樣複雜的茶葉中
分辨出茶的好壞，並以正確的方法讓茶葉的味道
發揮到極緻。

形狀幼嫩的茶葉品質較好

每一種茶都有一定的標準形狀，有許多茶
葉都是根據形狀來分級的。在選購的時
候，要留意茶葉的老嫩，老而粗大的茶葉
比幼嫩緊結的茶葉品質差。好的茶葉不該
混有雜物，因此茶梗、茶片、茶末含量多
的茶葉都是不好的茶葉。

色澤有新鮮的油光是好茶

各種茶都有標準
的色澤，如紅茶
以深褐色且有光
亮為佳；好的綠
茶茶芽多呈翠綠
色；包種茶在顏
色深綠的半球型
茶葉裡有類似青
蛙皮的狀灰白點
；最好的白毫烏
龍茶具有顯明的
紅、黃、白三色
；花茶以新鮮青翠具有芽尖的較好。一般
而言具有新鮮油光的茶才是好茶，而色澤
灰暗、雜而不勻者都是劣等茶。

水色明亮清澈呈油光為好茶

各種茶都有其標準水色，以明亮清澈呈油
光的最好，如上好的綠茶力求蜜綠、條型
包種茶呈蜜黃、凍頂烏龍茶金黃帶油光、
鐵觀音茶呈琥珀
色、白毫烏龍茶
橙紅鮮艷、紅茶
鮮紅亮麗。如果
茶湯水色混濁且
沈澱物多，都不
是好茶。

評鑑好茶要觀察茶葉、茶湯、香氣、茶渣等特性。

從茶渣的完整性可以看出茶葉的好壞。

好茶有濃郁清純的香氣

這是茶葉品質的主要條件。各類茶由於製法及發酵程度不同而各具特殊香氣，如綠茶取其蔬果香、包種茶具花香、鐵觀音茶呈火候香、烏龍茶具有特殊熟果香，而紅茶帶有一種焦糖香。此外，茶葉香氣應力求濃郁且清純不雜，若有沈濁不清之感，則屬下品。

好的茶要有甘醇爽口的滋味

好的茶飲用時有點苦澀但帶有甘醇感覺，入口後鮮活爽口，飲用後喉間有淡淡回味。若茶葉帶有陳舊味、菁味、苦澀味、悶味、焦味、火味、酸味及異味者則非上品。

觀察葉底可以看出茶的品質

將茶渣倒出桌面，審查其外觀的形狀及色澤；由此可以觀察茶菁原料的採摘程度及標準與否、辨別茶葉品種及發酵程度適當與否，以及是否有摻假，如此一來茶葉品質的好壞已可正確掌握。

茶葉評鑑及分級

目前台灣的茶葉的評鑑，仍以人類的味覺與嗅覺，來品評茶葉香氣與滋味為主，茶葉的評鑑，包括形狀、色澤、水色、香氣、滋味及葉底等6個項目。評鑑人員以視覺、嗅覺、味覺及觸覺等感官，評鑑茶葉形、色、香、味的優劣、判別茶葉品質與製作技術，同時也判別茶區、品種的風味特性，再加以分級。

這種官能審查的正確性與評審人員的素質有密切的關係，因此評審人員不但要有學術研究上的基礎，也必須要有深厚的經驗累積。

台灣的茶葉評審人員絕大部分出自茶業改良場的訓練。訓練對象包括茶農、茶業經營者及茶藝人士，參訓人員須經過澀味、苦味、拼對及順位測驗，成績達一定標準或及格者，再頒發獎狀以資鼓勵，被認可有茶評的能力。

泡茶的方法

泡一壺好茶必須掌握水質、水溫、茶葉量及沖泡時間等四大要素。沖泡茶的水以逆滲透純化過後的純水最佳。其他水溫、茶葉用量及沖泡時間的條件就要依照茶葉種類而定。

沖茶時要注意水溫。

綠茶不宜高溫沖泡

綠茶由於大部分是心芽嫩葉製成，要表現出綠茶新鮮自然的原始風味，最好用沸滾過的攝氏80度開水沖泡，以免產生燙熟味。沖泡後切忌蓋壺久悶，沖泡時間一到，應立即濾出茶湯，儘速飲用。

文山包種茶沖泡時要多放茶葉

文山包種茶屬輕發酵茶類，香氣清揚，滋味甘滑鮮爽。由於文山包種茶呈疏鬆的條索狀，沖泡時要注意茶葉量不要放太少，為表現該茶的清揚香氣，最好用導熱快又不透氣的白瓷茶具沖泡為宜，沖泡溫度以介於90℃至100℃為佳。

具有花香味的白毫烏龍茶

白毫烏龍茶屬重發酵茶類，是採幼嫩芽葉製成，含豐富的胺基酸，茶湯滋味較甘醇潤滑，具天然的熟果香及蜂蜜味，色澤白、綠、黃、紅、褐相間，形狀宛如花朵。採用白瓷陶壺或透明杯沖泡皆可，約沖泡5至6分鐘後即可過濾飲用。

凍頂烏龍茶要用沸騰開水沖泡

凍頂烏龍茶發酵程度比文山包種茶重，外觀呈緊結墨綠的半球狀。沖泡時應特別注意讓茶葉充分舒展開來，要用沸騰的水沖泡，茶葉量不要放太多，最好使用保溫與透氣性好的陶壺茶具，尤以宜興式紫砂壺最佳。

紅茶有多變的沖泡方式

紅茶屬全發酵茶。沖泡紅茶時，取3公克紅茶或市售的紅茶包，置於陶瓷杯壺中，加150cc沸水，等待5分鐘後即可熱飲。沖泡紅茶時，時間一到必須將茶渣或泡過的茶袋取出，否則對風味有不良的影響。紅茶可以搭配各種水果、牛奶或酒，沖泡成可口的花茶。

各種茶葉的特色

茶葉名稱	外觀	水色		滋味	香氣
綠茶	色澤翠綠	呈蜜綠色		新鮮自然	蔬果香
文山包種茶	成條索狀，色澤墨綠。	呈蜜黃色		甘滑鮮爽	幽雅花香
高山茶	色澤翠綠鮮活	呈蜜綠鮮黃		厚重富活性	淡雅清純
凍頂烏龍茶	緊結成半球型，色澤墨綠。	呈金黃帶油光		甘醇滑重潤喉韻強	香氣濃厚
鐵觀音	捲曲成球型，色澤暗綠帶褐色。	呈琥珀色		甘潤微澀火候十足	火候香
白毫烏龍茶	枝葉連理，色澤白綠黃紅褐色相間，宛如花朵。	呈橙紅色		醇甘滑潤	蜂蜜香及熟果香
紅茶	可分為條型及碎型，色澤紅褐色有亮光。	呈鮮紅色		濃厚甘醇	焦糖香

農業

有機茶園的生態平衡系統

避忌作物
苦楝樹的特殊氣味可驅走部分害蟲，具天然的避忌及擋風的作用，樹身也是松鼠、麻雀等較大型動物棲息的空間，而這些大型動物會以茶園內的昆蟲作為食物，形成完整的食物鏈。

不使用化學肥料，只施用堆肥、豆粕或種植綠肥。

以人工除草。此外，亦可用人工捕捉來除去茶蠶、避債蛾等，或以人工剪下枝枯病、咖啡木蠹蛾的枝條，再搬離茶園予以燒毀。

雜草防治
有機茶園可以覆蓋甘蔗皮來防治雜草。也可利用花生殼、穀殼，或種黑麥草、魯冰、百喜草等防治雜草；還可以用人工除草、中耕除草等方式來防治雜草。

綠肥
茶壟間可以種植魯冰作為綠肥。其他如青皮豆、田菁、黑麥草等，也可以補充茶園所需的氮肥。

魚池

苦楝樹

溝渠

（三）茶（烏龍區）

（二）茶（台茶12號）

苦楝樹

魚池（養土鯽魚並開放釣魚）

溝渠

水圳（灌溉用水）

產業道路

竹籬

有機驗證機構的工作人員不定期至茶園抽取土壤樣本，並取回化驗分析。

農業

生物防治法

草蛉為有機農業最常運用的生物防治法，可利用飼養、釋放草蛉來防治蚜蟲、小綠葉蟬、介殼蟲、刺粉蝨等蟲害。其他如茶蠶卵寄生蜂可用來防治茶蠶，赤眼卵寄生蜂則可防治茶捲葉蛾等。還有瓢蟲、螳螂、食蚜虻、食蟲椿象等，亦均屬益蟲。而蘇力菌則可防治鱗翅目害蟲，如茶蠶、捲葉蛾、毒蛾、尺蠖蛾、避債蛾等。

茶園的訪客

茶園內除了昆蟲、青蛙等定居動物外，亦常可見松鼠、鳥類等訪客。

水塘

施放「草蛉」，防治園蟲害。

綠竹筍區
具擋風、隔離作用

水稻

（三）茶（武夷區）

設置性費洛蒙誘蟲盒，防治茶捲葉蛾。

竹籬

水稻

牧草區

性費洛蒙防治法

內置雌性昆蟲費洛蒙氣味的性費洛蒙誘蟲盒，可以用來引誘雄性昆蟲，並加以黏捕。吊掛於茶葉上方15～30公分，主要用來防治茶捲葉蛾、茶姬捲葉蛾等。此外，亦可插設黃色黏紙來防治小綠葉蟬、赤粉蝨及薊馬等。

生態豐富

有機耕作的茶園內，經常可發現鳥巢，其他如蟻窩、蜂窩、蛇洞、青蛙洞等都很常見。有機茶園中只要生態、生物達到平衡，並施用有機肥，就能使病蟲害降低到最小範圍。

種植抗病蟲性佳、生長勢強且耐旱的品種，如台茶12號(金萱)、武夷、烏龍等。

有機茶

有機茶是經過專門機構三年認證，完全不用化學肥料、化學農藥及除草劑耕作的茶葉。在台灣越來越多重視環保、追求消費無農藥殘留農產品的人，願意花較多的錢喝有機茶。

▌美育基金會的有機茶葉認證標章。

▌慈心基金會的有機茶葉認證標章。

目前台灣有機茶的比率很低

台灣自1988年，茶葉改良所凍頂工作站開始發展有機茶耕作，多年努力及推廣，目前已經略有成效，但是全台灣有機茶園的面積比例仍然很小，根據2009年宜蘭大學有機農業發展中心的統計，當時台灣共有69戶已認證的有機茶栽培戶，耕作面積約152公頃，與台灣茶園面積約2萬公頃相比，僅佔很小一部分，未來還有很大的發展空間。

有機茶的施肥

有機茶施肥不使用化學肥料，只施用堆肥、豆粕類及如魯冰、青皮豆、田菁種植綠肥等有機肥料，使茶葉不受化學污染。

▌有機茶園的表土較為鬆軟及有雜草。

有機茶的病蟲害防治

有機茶的病蟲害防治完全不用農藥，而以草蛉生物防治、性費洛蒙、人工捕捉、物理防治、剪枝防治、蘇力菌防治、瓢蟲、螳螂、食蚜虻、食蟲椿象等天敵防治取代之，使生物生態達到平衡點，將病蟲害的危害減至最小。

▌有機茶園不用農藥可以用物理方法防治病蟲害。

有機茶的除草工作

有機茶的除草工作不用除草劑，取代的方式有人工除草、中耕除草方式等，也有的有機茶園會種植黑麥草、魯冰、百喜草或覆蓋花生殼、穀殼等使雜草不能生長，以防治雜草。

有機茶的認證

有機茶必須經過農委會核准的認證機構三年以上的認證，才能確認是真正的有機茶。目前農委會許可的有及農產品認證機構有12家，其中以美育基金會及慈心基金會認證的有機茶最多。

坪林茶業博物館

位於坪林的茶業博物館，是一棟閩南式莊園的兩層樓建築。地下一樓的綜合展示館，長期展示茶事、茶史、茶藝三大主題。有現代製茶器械、傳統製茶器械、茶的分類、製茶方法、台灣、世界及大陸茶產區介紹、飲茶的緣起、中國各朝代的茶、茶神陸羽的介紹、坪林茶史、文山包種茶發展史及其他茶藝主題，是了解茶葉文化的好去處。

茶神陸羽

古時街坊販賣茶飲復原圖

早期製茶的揉捻機

農業

台灣鳳梨的歷史

鳳梨是典型熱帶水果，含有鳳梨酵素（Bromelin）等各種營養，可幫助人體消化動物蛋白質。鳳梨的果實像鳳尾，俗名「旺來」，外型跟波羅蜜也很相似，所以也叫波羅，是台灣民俗上表示吉祥的水果。台灣的鳳梨罐頭產量曾經是世界第一，堪稱是最具台灣特色的水果之一。

台灣鳳梨產業起源於鳳山

根據《諸羅縣誌》及《淡水廳誌》，清康熙中期台灣南部已有鳳梨栽植的紀錄。但日治時代初期，台灣的鳳梨才發展為經濟產業。日本明治三十六年（1903），日商岡村庄太郎在鳳山設立台灣第一家鳳梨工廠，開啟了台灣鳳梨產業的序幕。

▌早期鳳梨的採收工作。

鳳山、員林曾是鳳梨罐頭中心

岡村在鳳山設立鳳梨工廠後，日本明治四十一年（1908）日本罐頭業權威濱口富三郎也在彰化設立鳳梨工廠，隨後將工廠遷到員林，當時鳳山與員林成為台灣的鳳梨罐頭業中心。當時年產量約兩萬箱。

日本在台灣實施鳳梨外銷補貼

日本大正十四年（1925），日本人引進開英種鳳梨，開始在屏東內埔從事大規模栽培，隨後其他農場也陸續種植鳳梨。日本昭和四年（1929）更在台灣實施三年鳳梨外銷補貼政策，促使台灣鳳梨外銷蓬勃發展。

二次大戰前台灣年產鳳梨世界第三

日本昭和十三年時（1938），台灣年產鳳梨167萬箱，是日治時代的最高紀錄，在當時全球市場占有率僅次於夏威夷和馬來西亞，居世界第三。昭和十六年（1941）太平洋戰爭爆發，因製罐材料及肥料供應中斷，工廠也遭到盟軍炸毀，鳳梨產業大幅蕭條萎縮。

▌早期南部原住民與鳳梨田。

光復後民營鳳梨加工業蓬勃發展

台灣光復後，政府成立台灣鳳梨有限公司，將日治時代留下的鳳梨產業合併，民國四十年起，鳳梨產業復興五年計畫帶動了工廠陸續復工。民國四十四年政府實施耕者有其田，將鳳梨有限公司出售民營，成立了「台灣鳳梨股份有限公司」，自此鳳梨加工成為蓬勃的事業。

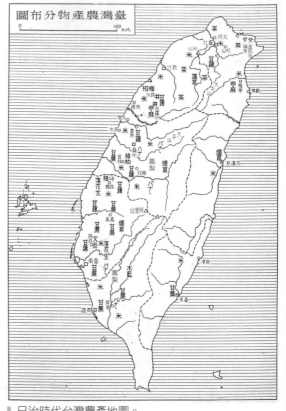

日治時代台灣農產地圖。

日治時代的鳳梨工廠。

農業

鳳梨田。

台灣鳳梨罐頭產量曾經位居世界第一

民國四十七年，台灣西部22家鳳梨工廠取得協調，將鳳梨原料委由台灣省罐頭工業同業公會統一收購分配，穩定了鳳梨產製銷的秩序。到民國五十二年台灣鳳梨罐頭輸出量達23萬箱。民國六十年代，台灣鳳梨罐頭產量曾經居世界第一位，年產量達到410萬箱，其後因為不敵其他熱帶開發中國家的低成本加工，台灣鳳梨外銷逐年衰退，逐漸轉型為國內鮮果供應市場。

鳳梨的生態

鳳梨是多年生草本果樹，樹高約1公尺，葉片從莖基呈螺旋放射狀向上生長，單株有細長劍形葉片二十枚以上，有的葉片邊緣有刺。

鳳梨樹的葉

鳳梨樹的葉生於地上莖及果梗上，由地上莖呈螺旋狀斜向往上，外觀是淡綠色或濃綠色的劍形葉，表面是光滑革質，在葉背有一層白色的蠟質膜，葉緣有的有刺、有的無刺。每一棵鳳梨樹最多會有50到70片葉片。鳳梨樹葉片的主要功能是行光合作用、呼吸作用、製造養分，供給植株的生長和發育。

裔芽

裔芽生在果實以下果梗的腋芽處，數量因植株發育、品種、結果時期不同。

果梗

位於莖的上端，細而有葉，其功能是支撐上方的果實。

鳳梨樹的根

鳳梨的根是由莖節上的根點生出的，有氣生根、地下根和菌根3種。根可以從土壤吸收水分，分解土壤中的有機質，供給鳳梨生長所需要的營養元素。

冠芽

鳳梨果實在頂端會有一枚具有短莖的冠芽，短莖上有葉。

果實

通常一棵鳳梨樹只結一個圓錐形或圓筒形果實。鳳梨在小花凋謝後，花萼會留在果皮表面，形成一個個突起的痕跡，稱為「果目」，果實的中心柱是花梗的延伸，稱為「果心」。鳳梨未成熟的果實是綠色，成熟後轉為黃色，果肉則為淡黃或金黃色。

小果

鳳梨的小果是由一枚苞片、三個萼片及子房發育而成的漿果。

吸芽

從莖上葉腋著生的芽體。

塊莖芽

從莖的地下部長出的芽。

鳳梨的各部位

農業

鳳梨的花

鳳梨的花長在葉叢中央，是頂生的密總狀花序，約有小花一百到兩百朵，螺旋排列呈松球狀。花瓣顏色為紫色，鳳梨小花的花萼、花冠、雄蕊及雌蕊數各為三或三之倍數，是所謂的三數花。

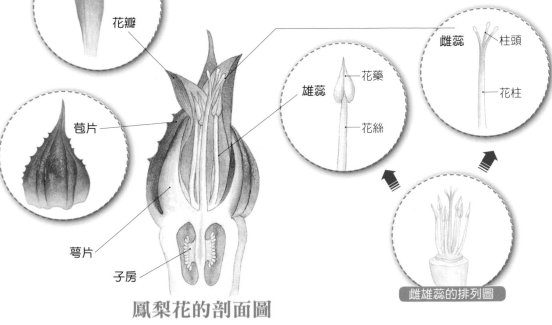

花瓣

苞片

雄蕊

雌蕊　柱頭

花藥

花柱

花絲

萼片

子房

鳳梨花的剖面圖

雌雄蕊的排列圖

鳳梨的莖

鳳梨的莖是貯藏器官，分為地上莖與地下莖，長度在20至30公分，直徑約6到7公分。地上莖介於生長點與地面之間，被螺旋狀排列的葉片包裹著。地下莖埋在土裡，又稱塊莖。莖含有豐富澱粉，可以供應幼芽生長的養分。莖頂是生長點，是分生葉或花的原始體。老熟的莖上有很多花芽，可供繁殖用。

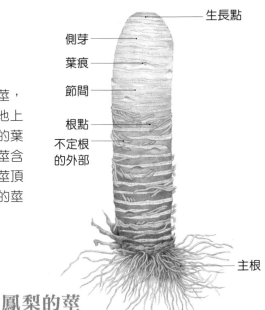

生長點

側芽

葉痕

節間

根點

不定根的外部

主根

鳳梨的莖

鳳梨的繁殖方法

鳳梨作為經濟作物需要快速的繁殖能力，一般的繁殖方法包括有性繁殖法、無性繁殖法及組織培養法三種。以有性繁殖法播種育苗，要經過三到四年的時間才能採收，所以一般在試驗及雜交育種時才會使用。組織培養法雖然繁殖快易，但容易發生品種變異，台灣農民也較少使用。無性繁殖法因為栽培品種穩定，只需一年半的時間就會結果實，是台灣農民目前採用較多的繁殖法。

鳳梨的有性繁殖法

鳳梨的有性繁殖以育種為主要目的，繁殖過程會經過花芽分化期、開花期、授粉、採種、育苗期、幼苗期、成齡期到結果期，有一個完整的生命週期。

人工授粉

鳳梨的有性繁殖以雜交育種為主要目的，育種通常以人工授粉進行，方法是在清晨採集一品種的花粉，授於另一品種開放花朵的柱頭上。

鳳梨的採種

育種的鳳梨須在種子發育成熟後才採收，採集種子時，將果實橫切成圓薄片，放入盛裝清水的圓盤，然後將種子小心取出並洗乾淨、自然乾燥後存放起來等待播種使用。

有性繁殖法的育苗及栽培

有性繁殖法的育苗及栽培要經過育苗期、幼苗期、成齡期三個階段才能結果。
育苗的種子採集後，先將種子播種在玻璃溫室內以水苔為底的淺盤中，進入育苗期。育苗約2至3個月後，進入幼苗期，此時可以把良好的幼苗移植到通風的溫網室內，在苗床上繼續培育約1年。1年後進入成齡期，可以把鳳梨苗移出定植於選種園裡，再經10到12個月後，鳳梨苗株就有開花結果的能力。鳳梨自抽穗開花至果實成熟約需120至180天。果實的成熟過程是小果從基部向上漸次成熟，果皮色澤會由紫紅變紫青，再漸漸變黃，果實上下小果的成熟時間落差大約1到2週。

防晒

鳳梨果實若有晒傷，品質將大打折扣，可以利用果實周圍的葉片綁在在果實上面，或用紙袋、報紙包在果實外面防晒。果實過大時，可以在植行兩側豎立鍍管，拉上鉛線扶正果實，以減低日晒的傷害。

▎鳳梨植株上方「戴帽子」是鳳梨防晒的方法。

鳳梨的無性繁殖

鳳梨的冠芽、裔芽、吸芽及塊莖芽都是無性繁殖的繁殖體，由於這些繁殖體天生條件不同，因此在形態及生長結果上也表現的不相同。無性繁殖時，採苗後須將種苗在砂床上培育或在棚架上乾燥浸藥處理，再經過苗圃再培後移植到鳳梨田定植。其中一棵鳳梨的裔芽數量可能多到十幾個，而且容易運輸，是台灣農民最普遍採用的繁殖體。

台灣鮮食鳳梨之父

張清勤，民國46年進入嘉義農試所，致力於鳳梨品種選育超過40年，期間帶領嘉義農試所園藝系鳳梨組的工作團隊，進行各種鳳梨品種的培育及試

鮮食鳳梨之父張清勤。

驗，在民國83年，成功完成台農十三號命名及推廣，推出了全球唯一能在冬季生產的的高品質鮮食鳳梨。後來張清勤帶領的團隊又陸續育成了包括台農十六號、台農十七號、台農十八號及台農十九號等品種。張清勤及嘉義農試所工作團隊的努力，以高品質的鮮食鳳梨品種，為台灣的鳳梨產業開創了罐頭外銷衰退後的另一個奇績。國內鳳梨栽培果農尊稱他為「台灣鮮食鳳梨之父」。

農業

鳳梨的無性繁殖

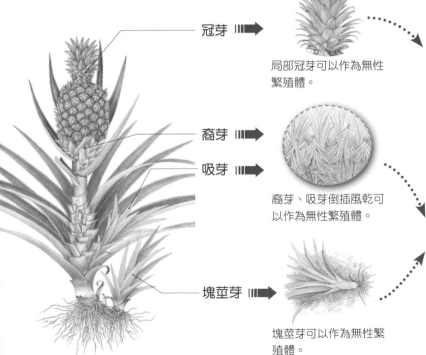

冠芽 ⟫

局部冠芽可以作為無性繁殖體。

裔芽 ⟫

吸芽 ⟫

裔芽、吸芽倒插風乾可以作為無性繁殖體。

塊莖芽 ⟫

塊莖芽可以作為無性繁殖體。

無性繁殖時種苗會先在砂床上進行培育長根。

在苗圃長到適當大小的鳳梨植株要移到鳳梨田裡定植。

常見的鳳梨

台灣目前常見的鳳梨食用品種有開英種、台農4號、台農6號、台農11號、台農13號、台農16號、台農17號、台農18號、台農19號、台農20號及台農21號等種。

俗稱香水鳳梨的台農11號。

開英種。

又名金鑽鳳梨的台農17號。

品種	植株與葉型特徵
開英種。	植株較大，葉片綠色帶深紫紅色，除尖端及基部外邊緣以外無刺。
台農 4 號，俗稱「釋迦鳳梨」，又稱「剝皮鳳梨」。	株高中等，葉片表面為綠色，邊緣有刺。
台農 6 號，俗稱「蘋果鳳梨」。	株高中等，葉片表面暗紫紅色，葉緣有刺。
台農 11 號，俗稱「香水鳳梨」。	植株矮小，葉片表面綠色，除尖端及基部外邊緣以外無刺。
台農 13 號，又名「冬蜜鳳梨」。	植株高，葉長直立，葉片表面綠色，中軸略帶紫紅色，除尖端及基部外邊緣以外無刺。
台農 16 號，又名「甜蜜蜜鳳梨」。	株高中等，葉片表面綠色，中軸呈淺紫紅色，有隆起條紋，葉片尖端及基部有微刺，葉緣無刺。
台農 17 號，又名「金鑽鳳梨」。	植株較矮，葉片短，葉片表面略呈紅褐色，兩邊及下半段為綠色，葉片尖端及基部有微刺，葉緣無刺。
台農 18 號，又名「金桂花鳳梨」。	植株較矮，葉片表面綠色，中軸稍暗紅色，葉片尖端及基部有微刺，葉緣無刺。
台農 19 號，又名「蜜寶鳳梨」。	株高中等，葉片表面暗濃綠色，中軸微帶暗紫色，尖端及基部有刺，葉緣無刺。
台農 20 號，又名「牛奶鳳梨」。	植株高大，葉片長，葉片表面暗綠色，葉尖及葉緣皆無刺。
台農 21 號，又名「黃金鳳梨」。	植株中等，葉片表面淺綠色，葉片尖端及基部有刺，葉緣無刺。

農業

果實特徵	糖度與酸度	建議選購期	特色
果型較大，圓筒形，平均重量約1.6公斤，小果目大，果皮薄，果肉顏色為淺黃色或黃色透明，纖維稍粗。	糖度16.0°Brix，酸度0.35%。	6至8月	目前世界上主要的加工製罐及鮮食用品種。
果型中等，平均重量約1.2公斤。小果目凸起，果皮略厚，果肉顏色為淺黃色至黃色，纖維細。	糖度19.5°Brix、酸度0.43%。	3至5月	可以用手剝食，香味濃郁，水分較少。耐貯運。
果實為圓筒形或短圓形，平均重量約1.3公斤。果目淺平，果皮薄，肉質極軟且細緻，果心稍大。	糖度15.0°Brix，酸度0.34%。	4至5月	果肉多汁
果實為圓筒形，平均重量約1公斤。小果目略散凸起，果皮薄，果肉顏色為淺黃色至黃色透明，纖維細。	糖度14.8°Brix，酸度0.57%。	5至6月	果肉多汁，具特殊香氣，耐貯運，曾是外銷日本的主力。
果實為圓錐形，平均重約1.2公斤。果目略凸，苞片呈紫紅色，果皮較堅硬，果肉顏色為淺黃色或黃色透明，果心小，纖維稍粗。	糖度15.7°Brix，酸度0.27%。	正常產期6月下旬至7月中旬。	利用產期調節而達全年生產，是冬季鳳梨的經典。
果實為長圓錐形，平均重量約1.3公斤。小果數多，果目稍凸起，成熟時果皮呈橙黃色，果肉顏色為淺黃色至黃色，纖維少，肉質細。	糖度高達18°Brix，酸度0.47%。	4至7月	
果實為圓筒形，平均重量約1.4公斤。果皮薄，果肉黃色或深黃色，略有纖維，果心稍大。	糖度14.1°Brix、酸度0.28%	3至6月及10至11月	口感及風味均佳，耐貯運。
果實為圓錐形，平均重量約1.5公斤。果目略凸，果皮薄，花腔淺，果肉顏色為淺黃色或黃色透明，纖維粗細中等。	糖度14.1°Brix、酸度0.39%。	4至7月	果肉具桂花香味，
果實為圓筒形，平均重量約1.6公斤。小果數目較多，成熟時果皮黃略帶暗灰色。果皮薄，果肉顏色為淺黃色或透明黃色，肉質緻密。細，	糖度16.7°Brix、酸度0.46%。	5至10月	
果實為圓筒形，平均重量約1.3公斤。小果數目較少，果皮薄，果肉色白、纖維細。	糖度16.9°Brix，酸度0.49%。	5至10月	具特殊香味。
果實為圓筒形，平均重量1.34公斤。果目略凸，果皮略厚，果肉顏色為黃色或金黃色、纖維粗細中級。	糖度18.4°Brix，酸度0.63%	4月至11月	

台灣菸業的歷史

菸草傳進台灣至今大約400餘年，但是在明清的時代，台灣並沒有大規模種植菸草，直到清光緒11年（1885）台灣設立行省後，首任的台灣巡撫劉銘傳，大力發展經濟建設，台灣才開始把菸草當經濟作物進行栽培，後來在日治時代及光復後，台灣都施行菸草的專賣制度，更促進了菸葉生產在農業經濟上的地位。

台灣古早的菸草栽培

傳說在明朝嘉靖、萬曆年間（1560—1580）時，菸草就已經從南洋一帶傳到台灣，而台灣的原住民也因此開始在山地種植菸草。明崇禎15年（1642），荷蘭人招募大陸的漳州、泉州農民來台拓墾，也把大陸的菸草品種帶進入台灣種植，此時漢人移民也開始在平地栽種菸草。在清末之前，台灣並沒有大規模的菸草栽種，只把菸草作為農產殺菌或自製菸絲使用。

劉銘傳帶動菸草成經濟作物

清朝於光緒11年（1885）設立台灣省，由劉銘傳出任巡撫。劉銘傳在台灣大力發展經濟建設，獎勵漢人移民拓墾，由於當時台灣的菸草大部分是進口的，劉銘傳曾派人前往菲律賓取回呂宋種菸草試種，並派遣雲林知縣李聯奎等人前往福建，帶回大陸種菸草栽培，同時還分發栽種方法的手冊，開始指導農民全面試種。劉銘傳努力的結果，發展出知名的「雲林菸」、「後壠菸」、「罩蘭菸」等菸品。

▌清朝末年台灣的菸草
　仰賴進口。

日治初期以收購番產菸葉為主

日本明治三十八年（1905），
台灣開始實施菸草專賣，專賣
局把原住民種植的菸草稱為
「番產菸葉」，漢人種植的菸
草稱為「平地菸草」，並對番
產菸葉進行了約20年的收購。
日本大正11年（1922）是收購
的高峰，當時專賣局以番產菸
葉試製的雪山牌雪茄獲得市場
好評，曾經風光外銷到日本及
朝鮮等地。大正15年（1926
）之後因菸葉需要量減少，收購量逐漸減
少，番產菸葉的收購逐漸走向尾聲。

▌日治時代日本政府統一收購番產菸葉。

▌日治時期花蓮吉野菸草田與菸樓。

日人成功引入黃色種菸草

明治42年（1909），日本從國內招募許
多日籍農民攜眷來台開墾，在今花蓮吉
安設置了「吉野移民村」。日本大正2年
（1913），日本在台東成功引入黃色種
菸草種植，開始在農業移民村進行菸草種
植，並生產出知名的茉莉牌香煙，使台灣
菸草產業從此進入大規模經營的時代。

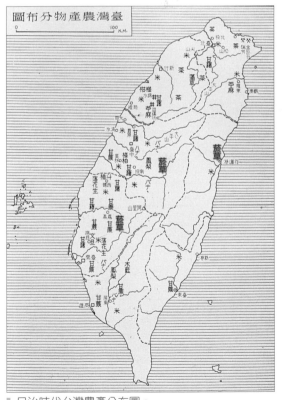

▌日治時代台灣農產分布圖。

農
業

光復後菸業曾經風光一時

台灣光復後，承襲日治時代的菸葉專賣制度，以菸酒公賣局為主導機構實施專賣，光復初期，台灣仍以黃色種菸草種植為主，民國58年到達極盛時期，種植面積高達11,951公頃，全台灣共有9,256個菸戶。到了民國76年，台灣為了加入關稅貿易總協(GATT)，開始開放美國菸酒進口，隨著全球香菸進展台灣市場，台灣產的菸葉也逐漸衰退減產。

台灣的五大菸區

台灣早期有花蓮、屏東、台中、嘉義、宜蘭五大菸區，其中宜蘭菸區於民國51年就已經停產。當年公賣局為了掌握原料菸葉的生產過程，在全台菸草主要生產區域，設置有處理與倉儲原料的菸葉廠，各地的菸葉廠負責就地辦理菸葉收購工作。

▌菸田。

菸草專賣時期的「菸草本圃標牌」。

台灣菸草種植的沒落

民國76年（1987）台灣開始開放洋煙進口，台灣菸草產業受到嚴重衝擊，種菸面積逐年減少，民國89年（2000），公賣局開始以廢耕補助金引導菸農廢耕，民國91年（2002），菸酒公賣局改制為台灣菸酒公司，政府保證收購菸葉的制度走入歷史，菸草種植成為菸農自己的商業行為。

花蓮鳳林菸樓改做工坊。

菸草的起源

我們日常所見的香菸是由菸草做成的，菸草是草屬植物，原產於南美洲、墨西哥和西印度群島，高約1至2公尺，有0.6至1公尺的大葉片，開粉紅色或黃色的花。哥倫布航行至美洲時，發現當地土著在宗教儀式中使用菸草，由於西歐人相信菸草的醫藥作用，於是把菸草引入歐洲和世界其他地區。

拒吸二手菸的原因

香菸在燃燒時，菸裡的尼古丁會游離釋出，部分尼古丁會隨菸霧瀰漫在空氣中，其中沒有被破壞的尼古丁，大約有20%會被人體吸收。人吸入尼古丁時，會造成肝臟負擔，同時對身體的中樞神經及自律神經產生刺激，會產生慢性中毒的現象，對不吸菸的人間接造成危害，所以要推行「拒吸二手菸」運動。

菸草的栽種過程

台灣光復後的菸草種植是許可制，菸農每年要獲得許可後，才能領取菸籽，展開播種、本圃整地、施肥、栽種、施灑農藥、中耕除草、摘蕊及除芽到收穫的一連串種菸過程。

公賣制度的菸農許可制

台灣光復後，菸農種植菸草必須接受公賣局的管制，向各地菸葉廠辦理許可，有效期限為一年，許可期滿必須重新辦理。菸農必須各項作業都符合規定，才能保障新一年期的種菸權利。菸農在每年的七月申請種菸許可。申請人數超過許可數時要抽籤決定耕種者。

領菸籽及播種

菸農獲得許可後，在當年8月到所屬的輔導區，領取菸葉廠配發的菸籽。台灣菸農一般在8月中旬開始整理苗床，苗床通常設在靠近住家不種植二期水稻的田地。8月底，在苗床進行播種。

本圃整地、施肥

大約10月上旬，菸農進行本圃整地，把土壤疏鬆，以適合菸葉成長，並開始將菸苗移植到本圃。菸苗移植到本圃後，要施作堆肥或化肥，以改善土壤中的養分。

菸葉的育苗，把發芽的菸苗移植育苗盒，這個過程俗稱「入泥包」。

栽種

菸苗移植到本圃後，要設法保持最大的存活率，菸苗如果死亡，應該在移植後一星期或更短的時間內加以補植完全。

將菸苗移植到本圃。

施灑農藥

菸農於10月上旬到中旬之間，開始進行農藥噴灑作業。在菸草種植期一般會分4次噴灑農藥，有殺蟲的農藥、除草的農藥及抑制腋芽的農藥等。

中耕除草

中耕的目的在於除草及鬆土，以促進土壤空氣流通。

摘蕊及除芽

菸草在花序形成即停止生長，菸農要及早摘除菸草的芯花，摘蕊之後還要摘除衍生的側芽，以保證菸草成長需要的營養。

採收菸葉。

▌摘除多餘的菸葉幼芽。

收穫

台灣主要的黃色種菸葉最好的採收方式，是一葉一葉的進行人工摘葉。採收時分批採收，只採收當天乾燥室可以容納的菸串數，當天直接燻烤。

調製

調製是利用烤菸室烤除菸葉裡85%的水分，也讓菸葉化學成分改變。乾燥的原理是使較乾的氣流通過菸葉，把水分帶走。

調理

經過燻烤後的菸葉會過於乾燥，不能直接處理，需要經過一段時間儲藏，吸收適當水分之後，才可以開始進行揀菸分等的工作。

▌調理菸葉。

分等

被收購的菸葉依照葉幅、葉體、葉形、及本色分級，等級會決定菸業的收購價格及用途。

送繳

菸農把菸業分等後，再壓扁打包將菸葉送到所屬輔導區鑑定，完成繳菸作業。菸葉廠會將收購的菸葉運回菸葉廠，進行複燻，再提供捲菸廠選購。

▌菸葉送繳。

有身分證的菸樓

台灣光復後，種植的菸草以黃色種為主，黃色種菸草需要用乾燥室烤乾菸草，民間俗稱為菸樓或菸仔間。早期的菸樓要有身分證，在專賣制度下，不可任意興建，每棟菸樓都有自己的身分證及許可號碼，依據許可的菸田面積，搭配相對數量的菸樓。

菸草的加工方法

所有的菸草成品都要用乾燥處理法，把從菸田中採收下來的葉片，加工乾燥處理，才能送到工廠做成菸的成品。

黃色種菸草的火烤法乾燥處理

產量最多的黃色種菸草，以火烤法（又稱為火管烤菸）為主要的乾燥處理程序。火烤法是把新鮮富有生命力的菸葉，即時送進烤菸室（菸樓）燻烤，然後加工做成煙品。

▍菸樓裡菸葉上架。

大阪式菸樓

台灣傳統菸樓的結構，是日治時代從日本引入的。分成大阪式菸樓及廣島式菸樓兩種，其中又以大阪式菸樓為主。大阪式菸樓氣窗設置在本灶的上方，形式凸出，所以又稱塔樓式、太子樓式天窗。

▍大阪式菸樓。

廣島式菸樓

廣島式菸樓的氣窗則是設置在本灶的屋頂斜面上，呈四角型，保溫功能較大阪式菸樓好，但排濕效果較差。

廣島式菸樓本灶剖面圖

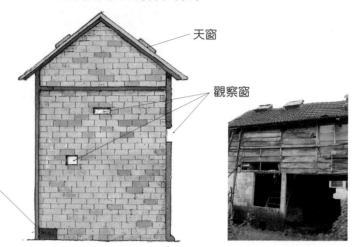

天窗

觀察窗

地窗

大阪式菸樓本灶剖面圖

屋頂
菸樓的屋頂多半會先鋪設乾燥的企口木板，覆上防水紙或塑膠布後再鋪一層砂或碳屑，最後再以瓦片或瓦楞鐵皮蓋覆，以防雨水侵襲。

氣窗
烤菸過程中菸葉的水分會被蒸發到空氣中，這些水氣必須開設排氣窗排到戶外。排氣窗設在屋頂，俗稱天窗。

聯架
聯架一般俗稱架子，方向與灶壁平行，以木材製成，用來懸掛穿聯好的菸葉。

觀察窗
一般菸樓會有不同方向的觀察窗觀察聯架上各層菸葉情形，並以溫濕度計測量。

地窗
與天窗類似控制溫濕度的調節口。

爐灶
爐灶設於菸樓本灶的室外，內部連接鐵管，上面接煙囪，底部設置掏灰口。

烤菸室鐵管
烤菸室加熱原理是透過熱空氣通過鐵管，使鐵管發熱發燙，進而提高室內溫度。鐵管一般埋在本灶灶底土層。

內壁
菸樓的內壁上半部以土磚建成，下半部為紅磚建造。室內的壁面會塗上石灰混和物再粉刷白灰以保溫防濕。

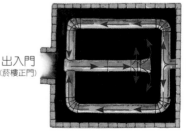

出入門
（菸樓正門）

爐灶

農業

台灣的咖啡

北回歸線經過台灣嘉義到花蓮一帶，氣候溫暖潮濕，台灣年平均溫度約攝氏21到24度，年平均降雨量約2,500公釐，有許多海拔1000公尺以上的山區農地，也是合適種咖啡的「咖啡區域」。

全球的咖啡以阿拉比卡種為主

咖啡是茜草科咖啡屬的常綠灌木，開簇生白花，結紅色果實，果實內的種子即為咖啡豆。咖啡的品種雖然很多，但全球的咖啡生產主要來自其中的三大原生品種：阿拉比卡種、羅布斯塔種及利比亞種。其中阿拉比卡種及其衍生種是最主要的品種。

在南北回歸線之間的咖啡帶

咖啡樹要生長在溫暖潮濕的環境，適合的生長條件為平均溫度約攝氏20到25度、年降雨量約1,500到2,000公釐，以熱帶地區海拔約1,000到2,000公尺的地方最合適。目前栽培咖啡的國家，主要集中在以赤道為中心，南、北回歸線以內的地區，這個適合栽培咖啡的地區，稱為咖啡區域或是咖啡帶。

咖啡在台灣的起源

最早日本人在恆春熱帶殖育場（今恆春熱帶植物園）曾進行咖啡試驗培育，其中植有台灣在來種，傳說是由斯里蘭卡、爪哇或馬尼拉引進。另有從爪哇以及印度移入的小笠原島種及從夏威夷、南美洲、賴比瑞亞以及加那利群島等地移入的品種。

全球咖啡生產國家地圖

加拿大

波多黎各
多明尼加
海地
古巴
牙買加

瓜德普羅

北回歸線內的熱帶
夏威夷　　墨西哥
瓜地馬拉
委內瑞拉
薩爾瓦多
赤　　　道　　宏都拉斯
尼加拉瓜
圭亞
哥斯大黎加　　（法屬
巴拿馬
南回歸線內的熱帶　　哥倫比亞
厄瓜多
祕魯
玻利維亞
巴拉圭
阿根廷

種植咖啡別
- 阿拉比卡(arabica)種
- 阿拉比卡種為主，部分羅布斯塔(robusta)種
- 羅布斯塔種
- 羅布斯塔種為主，部分阿拉比卡種
- 其他

咖啡起源的故事

咖啡的起源傳說很多，其中一個阿拉伯人的傳說最傳神。
傳說在古時候，有一位阿拉伯的牧羊人，向修道院的師父抱怨，他的羊群晚上常常蹦跳不睡覺。修道院的師父猜想，這些羊一定是吃到特別的東西才會這樣，便到羊群蹦跳的地方勘查，然後發現羊會吃長一種矮樹上的小果實，這位師父便試嚐這個果實，吃過後他覺得自己也變得精神煥發，晚上睡不著覺，禱告也不會打瞌睡，因此發現了這種咖啡樹果實可以提神的妙用，慢慢的咖啡提神的作用就被人們傳開了。

農業

成熟的咖啡果實。

咖啡樹的形態

咖啡樹是常綠喬木，一般正常高5到10公尺，但是為了採收方便，一般要採收的咖啡樹常被修剪到2公尺以下。咖啡樹開白色的花，成熟果實是外皮紅色，內部兩顆對立的咖啡豆就是我們日常飲用的咖啡來源。

咖啡的葉

咖啡樹的葉子是沿著枝條對生的，葉片鮮綠，具有皮革的光澤與質感，不同的品種會有不一樣葉緣波紋，小粒種葉緣波紋較小，中粒種葉緣有明顯的波浪形，大粒種葉子則無波紋。

咖啡的根

咖啡的根為倒錐體分布，通常是一條粗的主幹，從旁生出許多層層交疊的側根與吸收根所組成。

咖啡樹全圖

咖啡的花、葉、果實

▌咖啡果實。　　　▌咖啡花。

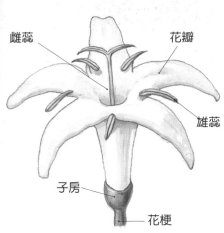

雌蕊　　　　花瓣

雄蕊

子房

花梗

農業

咖啡的花

咖啡花的開花期與雨量有關，長期乾燥的地區，一般在雨後一個月開花。全年雨量平均的地區，全年均可能開花。咖啡花是白色有芳香氣味的花，花冠 5 裂片反捲，香氣與茉莉花相似。

咖啡的果實

咖啡在開花後，會逐漸結成一簇簇的小果實，咖啡果是橢圓形的漿果，成熟時外果皮會由綠色經過黃色轉成紅色，果實熟紅時是摘取的最佳時機。

種仁（咖啡豆、胚乳）
扁圓形，乾燥後成為咖啡生豆，質地堅硬。通常每粒果實有兩粒扁圓形對稱的種子，極少數是單粒的圓豆。

中果皮（果肉）
含有豐富的水分和糖分。

外果皮
成熟時會由綠色轉為紅色。

銀皮（種皮）
白色薄膜，外覆黏稠的汁液與物質。

內果皮（種殼）
咖啡乾燥後的外殼。

咖啡果解剖圖

咖啡的栽培與採收

栽植咖啡的第一步是在苗床上培育種子，大約經過6到8個星期，種子就會發芽。發芽後的幼苗，要繼續在苗圃裡培育1年，培育期間要以黑紗網搭蓋棚架，以阻隔陽光。幼苗培育1年後移植到咖啡林地種植。咖啡在種植後約2到4年會開始開花結果。

台灣咖啡產地

台灣光復後，初期在屏東、台東兩縣有少量栽培，後來逐漸在南投、雲林、嘉義、花蓮、台南等縣有農民進行栽培工作，但是隨後都逐漸凋零。直到民國80年代，雲林古坑一帶開始再度栽植咖啡，並推出

台灣咖啡品牌，咖啡種植事業在台灣乃嶄露頭角，古坑咖啡成為本土咖啡的代表字號。民國92年（2003）年，雲林縣政府與劍湖山世界，聯手開創台灣咖啡節及世界咖啡博覽會，更把台灣咖啡的印象深入台灣百姓的心中。

▍南投惠蓀林場咖啡。

雲雨

【雲雨】
咖啡需要每年降雨量在1,500～2,000公釐之間的環境，台灣年雨量達到2,500公釐，雨量充沛。

竹林
（可避風）

平原地形種植咖啡因日照強烈，要有遮蔭樹的保護。台灣常見檳榔樹、相思樹、油桐樹、橡膠樹或柿子樹等作為遮蔭樹。也常有荖葉、茶樹、橘子樹的間作。

【苗圃】
在台灣一般以黑紗網覆蓋咖啡的苗圃棚架，阻隔陽光。

柿子園、果園

荖葉間作

芭蕉樹

甘蔗

咖啡

苗圃

平原

咖啡與茶樹相鄰種植。

劍湖山世界的咖啡展覽館。

人工採收咖啡

咖啡樹同串枝條的果實成熟時間先後不一，成熟過程中樹枝橫條上，會分布有綠色、黃色、櫻桃紅以及暗紅色不同成熟度的果實，所以收成時通常以人工的方式進行採收，採收方法常以目測揀選成熟的果實，也可以人手或機械手臂搖震的方式進行，台灣地區因咖啡栽種面積不廣，農家一般都採取人工的方式採收。

農業

台灣海拔較高的地方， 或有檳榔樹、茶樹、茗葉等間作，或油桐樹、相思樹等遮蔭樹，有助於水土保持。

橡膠樹、油桐樹

相思樹

檳榔樹

雲霧

咖啡

咖啡

山坡地

平坦的台地

茶樹間作

台灣咖啡栽培示意圖

阿拉比卡種咖啡需要溫暖的氣溫，約以20~25℃最適宜。在北回歸線附近的台灣，栽培在約300~1,000公尺高度的山地最合適，但須注意霜害的問題。台灣咖啡種植最大困擾是每年的颱風，因為咖啡樹根淺，容易被颱風吹倒，通常會栽植竹林來防風。此外，直射的日照會傷害咖啡花，使咖啡花不能受粉，產生空苞豆，因此在台灣種植咖啡，會與檳榔樹、茶樹、茗葉等植物間作，或種植油桐樹、相思樹等當作遮蔭樹，以達到水土保持及遮蔭的目的。

咖啡的生產程序

咖啡結實後，通常以人工的方式進行採收，採收後先將採收來的果實清洗篩選，再經過處理將咖啡豆從果肉中取出，然後將去除的生豆分級，銷售給咖啡工廠進行加工。

▌家用烘焙機。

咖啡生豆的處理

採收後的咖啡果實，要將咖啡豆從果肉中取出，取出果肉的處理方式主要有浸水式及乾燥式兩種脫肉方式，在取豆時，都必須先將採收來的果實清洗篩選，以剔除生長不良的咖啡豆及咖啡以外的雜物。

生豆的篩選

經過浸水式或乾燥式兩種方法處理，取出來的生豆，在保存廠就開始進行篩選，以大小不同的篩網分級過濾豆子，並剔除顏色不對、朽爛或發臭的豆子。目前咖啡豆品質並沒有國際性的標準，一般認為顆粒較大而沒有雜質的等級比較高。

咖啡的烘焙

咖啡豆中含有超出兩千種的物質成分，比紅酒的成分還多。烘焙咖啡豆可以將其中約800種的物質釋放出來，藉此製造出不同的咖啡風味與香氣。一般咖啡的烘焙包括淺焙、中焙、深焙以及重度深焙四種不同程度的變化。

烘焙的變化

當烘豆機開始加溫烘焙後，容器內的生豆開始有青澀的腥味被釋放，此時豆中的二氧化碳、水分、糖分與單寧酸等物質開始被釋出。隨後咖啡豆產生第一次爆裂，產生與爆米花相似的爆裂聲，咖啡豆開始逐漸膨脹、木質化。繼續烘焙，咖啡開始出現焦味及濃厚的香氣，咖啡豆的顏色也由最初的青綠色漸次轉變為黃色、茶色、褐色，一直到深褐色。最後，咖啡豆的表面會烤出油脂，香氣也變成濃厚的焦糖味，隨著時間增加，咖啡的油脂越來越多，顏色越來越深，一直到烘焙完成。

▌不同烘焙程度的咖啡豆。

浸水式（水洗日曬式）脫肉法

❶ 以水浸洗的豆子

把豆子浸水泡軟，挑出良好的果實，準備進行後續乾燥及脫肉的工作。

❷ 脫皮發酵工作

打撈出水洗的果實，以脫肉機分離果肉及果皮。脫去外皮後的豆子經挑選後放入發酵槽靜置發酵1天。

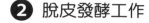

❸ 日曬乾燥

把脫皮發酵過的豆子，清洗後放在露天乾燥場風乾2星期，此時也可以直接以乾燥機進行乾燥。

❹ 替代日曬的靜置乾燥處理

當日照不足或天候不佳時，可以把豆子放置在防潮箱靜置處理，使豆子乾燥，乾燥後的豆子，稱為帶殼豆。

❺ 脫殼打磨工作

豆子曬乾後，放入脫殼機內分脫皮肉，把外殼和銀皮脫除。

❻ 完成產出生豆

曬乾脫殼處理完的青綠色小豆子，就是咖啡的生豆，生豆經適當的乾燥處理後就可以保存起來。

農業

台灣糖業的歷史

在台灣，我們日常食用的糖是甘蔗做成的蔗糖，使得許多台灣人以為糖一定是甘蔗做的，其實製糖的原料不止是甘蔗，在歐洲人們常吃的糖，就是生長在寒冷地帶的甜菜提煉出來的。因為氣候條件的關係，台灣很少見到甜菜糖。

▌甜菜根。

製糖的甘蔗不是常吃的紅甘蔗

甘蔗可分為生食用甘蔗及製糖用甘蔗。生食用甘蔗是台灣俗稱的紅甘蔗，又名果蔗，原產於新幾內亞，在日本明治41年（1908）從澳洲引進台灣。製糖用的甘蔗是淺綠色皮上帶有白粉的白甘蔗，咬起來很硬，很難咬斷，咬的時候甚至會覺得舌頭刺麻。

甘蔗發源於印度

根據文獻記載，印度應該是甘蔗的發源地，大約在戰國時期（西元前250年左右）由印度傳入中國，原始的造糖法則出自於西亞及中南半島，在中國南朝時（西元500到550年左右）傳入廣州，到明朝時，中國的廣東、福建地區也已經有發達的製糖產業。到了明末清初，福建發達的製糖技術隨著漢人移民傳入台灣。

▌紅甘蔗(左)、白甘蔗(右)。

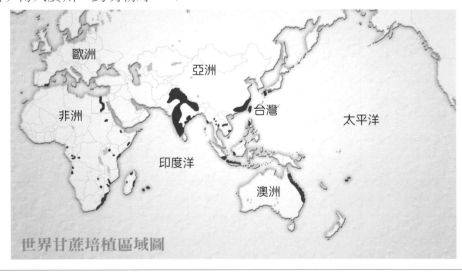

歐洲　亞洲　台灣　太平洋　非洲　印度洋　澳洲

世界甘蔗培植區域圖

農業

東方蔗糖業傳播路線圖（500B.C.~A.D.1100）

▲ 結晶糖製造　　　　甘蔗糖業地　　　➡ 甘蔗、製糖技術傳播
　　　　　　　　　　甜菜糖業地　　　➡ 甘蔗傳播

天工開物的軋蔗取漿圖。

清朝時台灣的製糖業

據記載明萬曆末期，鄭芝龍自閩粵移民數萬人到台灣農墾，以大陸帶來的稻與蔗為主要作物，當時就在部落街庄不遠的甘蔗園旁邊廣設糖廍，以牛為動力，拉動石磨壓榨甘蔗取汁煮糖，到了清朝時期，民間糖廍已經非常發達，常見的糖廍有舊式糖廍、改良式糖廍及糖間三種。

▌日治時期屏東台灣製糖株式會社。

日治時代的糖業控制在會社手中

日治時代日本在台灣設立幾家新式糖廠，引進西方新式機器及製糖技術後，台灣的製糖業開始轉型為近代式的產業。日治時代，台灣新式糖業分別由日糖興業、台灣、明治、鹽水港這四大製糖株式會社經營。糖在當時為日本政府帶進不少利益。日治時代，種植甘蔗的農民只能把甘蔗賣給四大製糖株式會社，會社以稻米等對抗作物的市價為標準，訂定當年期收買價格，蔗農販賣的數量及利潤都壟斷在會社手中，所以民間有俚語：「第一憨種甘蔗給會社磅」。

▌台灣種植甘蔗的歷史十分悠久，許多婦女參與蔗田工作。

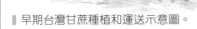

▌早期台灣甘蔗種植和運送示意圖。

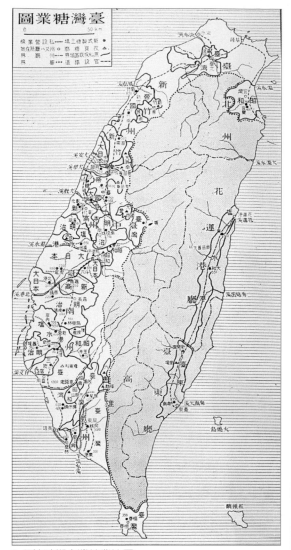

日治時期台灣糖業地圖。

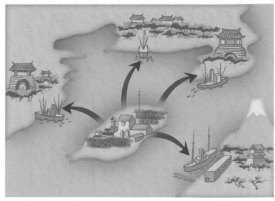

日治時期亞洲各地區大部分的糖都是由台灣輸出。

台灣糖業輝煌的年代

日治時代的糖廠在二次大戰中毀損很多，民國36年台糖總公司將日治時代原存的42廠改併為36廠重新出發，實行蔗農分糖的辦法，並辦理農民貸款，隨著產能恢復，到民國39年產量已達61萬多噸，為台灣賺進不少外匯，也為發行新台幣提供了財政擔保。民國43年台灣參加國際糖業協定，獲得基本出口配額60萬噸，僅次於古巴，台糖當年為國家賺進的外匯佔總外匯的70%以上。但民國66年之後，國際糖價持續下跌，糖業外銷開始虧損，到了民國74年台糖緊縮生產改以內銷為主，並持續裁撤各地糖廠，台灣由以前糖的主要出口國變成了進口國。

常見的糖

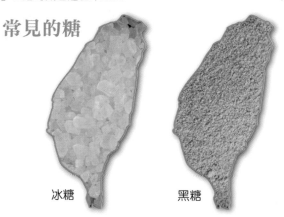

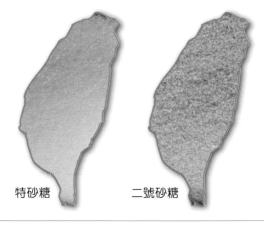

冰糖　　　　　黑糖　　　　　特砂糖　　　　二號砂糖

早期製糖業

清朝時期，民間製糖的糖廍已經非常發達，常見的糖廍有舊式糖廍、改良式糖廍及糖間三種。糖業的經營模式有小資本的牛掛、合夥的牛犇、合股的公家及大老闆投資的頭家四種組織型式。

舊式糖廍

舊式糖廍所製的糖為赤糖，要做好的糖必須依靠有經驗的師傅。糖廍是由棚屋及熬糖屋兩部分所組成，棚屋是圓錐形，以龍眼樹幹或麻竹柱支撐、屋頂舖蓋茅草、稻草、蔗葉，是壓榨甘蔗的地方。棚屋裡使用俗稱石磨子的花崗石臼來壓榨蔗汁。石磨子以牛帶動旋轉軋蔗。蔗汁由竹管導出到熬糖屋貯汁槽煮糖。熬糖屋是煮糖的地方，鄰接於棚屋的側門，一般屋內有五個用來熬糖的孔明鼎。

貯汁缸
從棚屋石轆底管倒入蔗汁，加入石灰或牡蠣灰中和酸性。

第一澄清桶
把湯汁再倒入此桶，加石灰使蔗汁轉成中性為止。

第一鍋
倒入蔗汁蒸發水分、去除浮渣、再倒入新蔗汁。
強火加熱

第二澄清桶
約一小時後，蔗汁變成褐色，移入第二澄清桶（缸）。

第二鍋
用杓子把蔗汁由第二澄清桶舀到此鍋，攪拌並把游離滓渣除去。
稍低強火加熱

第三鍋
把第二鍋的蔗汁舀到此鍋，繼續攪拌濃縮。
低於第二鍋爐火加熱

第四鍋
把第三鍋蔗汁舀到此鍋，此時蔗汁已達到沸點，糖漿成為半流動狀態，要不斷攪拌防止蔗汁沈澱焦黑。
文火加熱

第五鍋
把第四鍋蔗汁舀到此鍋，可以使其自然冷卻，濃縮做漏菜糖，成為製白糖原料。也可以不斷用棒攪拌，析出糖末成粉狀黑糖。
文火加熱

粗糖(黑糖)製法

熬糖屋內用五個孔明鼎生火煮蔗汁。

■糖廍。

改良糖廍

改良糖廍改良舊式糖廍的壓搾器為鐵磨並使用能源動力，製糖方法則與舊式糖廍相似，但產能增加許多，是大規模的經營產生的製糖方式。

糖間煉糖

煉製白糖的場房稱為「糖間」，通常設在城市附近，其生產活動已脫離農村，由資產家經營的佔多數。製造白糖的原料是糖廍產出的漏菜糖。

《天工開物》造白糖示意圖

《天工開物》裡描繪傳統的製造白糖方法，在左邊瓦器上面的瓦溜，底部開有小孔，再以稻草填塞。先盛入漏菜靜置數日後，再塗上右邊桶子裡的泥漿。

製白糖法

製白糖的原料是製黑糖的第四鍋成品漏菜糖，製糖的工具是把漏缽插在漏罐上，再把漏菜糖放進漏缽後，漏缽口以含矽的泥漿封口，漏缽底以稻草封口漏糖，經過20天，漏罐裡會出現自然分蜜的白糖成品，收集上面一層的白糖後，底下殘留漏菜糖塊可以回收再用，再經30幾天就會產出第二次的白糖，然後可以比照再做第三次。

含矽的泥土會幫助黑糖脫色，去除糖蜜後做成白糖。漏缽中愈上層的糖洗的愈乾淨，最上層1號白糖最白，依序產出2、3、4號白糖及可以用來釀酒流蜜。

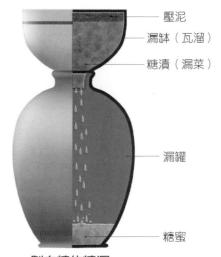

壓泥
漏缽（瓦溜）
糖漬（漏菜）

漏罐

糖蜜

製白糖的糖漏

甘蔗的栽種

甘蔗在植物分類學上，是種子植物門、單子葉綱、禾本科、蜀黍族甘蔗屬多年生草本，甘蔗的生長需要溫暖潮濕的氣候條件，以熱帶及亞熱帶為主要產區。決定甘蔗生長品質的因素除溫暖潮濕的氣候外，高養份的土壤和良好的品種也很重要。

適合甘蔗生長的氣候

適合甘蔗生長的氣候，年降雨量需達1,000公厘以上，降雨要均勻，年平均溫度為25到27℃，要有充足陽光。所以甘蔗的種植地區以北緯36度到南緯25度之間最好，台灣南部就是甘蔗最好的生長地區之一。

甘蔗的形態

甘蔗由根、莖、葉、花四部分組成。行無性繁殖，因為開花抽穗對甘蔗生長不利，所以現有栽培的品種很少開花。蔗根是埋在土中吸收養料的器官。葉行光合作用產生糖份，莖則是糖份的貯存體，為製糖之原料。

甘蔗葉片中形成的醣類會輸送至其他各部位行呼吸作用，多餘的醣類則以蔗糖形式貯積於莖內，秋冬季甘蔗吸收許多雨水養分，但是生長較慢、呼吸作用較小，可以累積剩餘的醣份較多，是採收甘蔗製糖的好季節。

台灣的糊仔甘蔗栽植法

為使甘蔗生產不影響稻米耕作，早期台灣農民發明了糊仔甘蔗做法，在稻田秧苗成活後二週內種蔗，使甘蔗與稻米同時在一起栽植，在稻作行間種植蔗苗，這個方法可以省下整地費用，也搶用了稻米收成前幾個月的植期，糊仔甘蔗等為台灣農民帶來許多甘蔗增產的效益，在1930年代蓬萊種水稻推廣種植時，蔗農曾廣泛使用。

■甘蔗田。

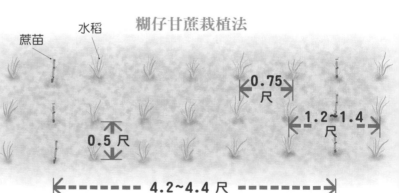

糊仔甘蔗栽植法

蔗苗　水稻

0.75 尺

1.2~1.4 尺

0.5 尺

4.2~4.4 尺

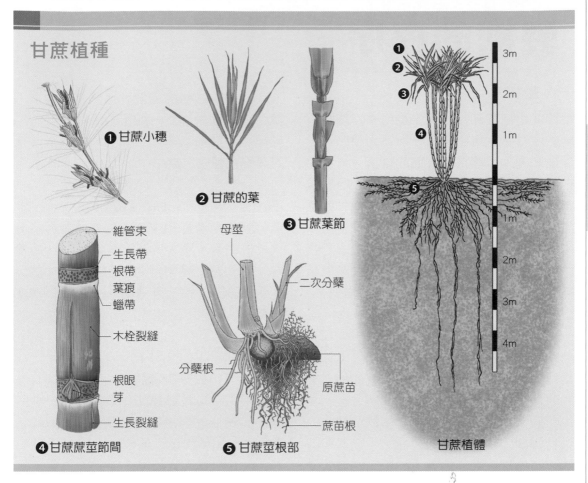

甘蔗植種

❶ 甘蔗小穗

❷ 甘蔗的葉

❸ 甘蔗葉節

維管束
生長帶
根帶
葉痕
蠟帶

木栓裂縫

根眼
芽

生長裂縫

❹ 甘蔗蔗莖節間

母莖
二次分蘗
分蘗根
原蔗苗
蔗苗根

❺ 甘蔗莖根部

甘蔗植體

3m
2m
1m
1m
2m
3m
4m

農業

甘蔗的爪哇式整地法

引自爪哇的高畦整地精耕栽培法，又稱為爪哇式整地法，是原來在爪哇水田盛行的稻、蔗輪作法，是在水稻收割以後，以人工築起高畦，溝底種蔗，在4次中耕除草時，將高畦蔗壟逐次劃平，把泥土傾入蔗株，使土地養分充分利用，曾經盛行一時，也被稱為精耕模範蔗作法。

甘蔗的爪哇式整地法

第一回除草中耕

第二回除草

第三回除草中耕兼入土

第四回除草中耕兼小培土

第五回除草中耕兼大培土

製糖的程序

一、壓榨

壓榨就是把蔗汁從甘蔗中壓出來。糖廠收割的原料甘蔗會由專用鐵道運到糖廠，先以搔卸機卸至履帶式甘蔗輸送機，再依次經過截斷機、壓碎機、撕裂機，最後到4組壓榨機下輪番壓榨，這樣就可以把甘蔗莖內的汁液壓榨出94％，壓榨過的蔗渣可以用輸送帶送往鍋爐做燃料，供應工廠的動力。鍋爐未用完的蔗渣可以送往紙廠做為紙漿原料，或是送去製造蔗板或做堆肥。

二、清淨

糖廠把壓榨到蔗汁槽的榨汁，用泵浦抽上二樓的清淨室處理蔗汁雜質，泵浦抽上來的蔗汁先流入加熱器加熱，同時加入石灰中和酸性，然後蔗汁放入沈澱槽，其中的雜物會凝固沈澱或浮出表面，中間透明的糖液經過真空壓濾機就會分離出透明的糖液與濾滓。透明的糖液就送蒸發罐加工，濾滓就拿去做堆肥。如果經過碳酸氣飽和處理和亞硫酸氣處理，黃色的甘蔗清汁就可以脫色製成白糖。

三、蒸發

蒸發就是把清汁用現代化的科技減壓蒸發濃縮成糖膏。糖液的蒸發是在4～5個串連在一起的蒸發罐中行之，在真空中加熱，把水份除去，清汁就濃縮為60～70°濃度的糖漿，再送上三樓的結晶室繼續加工。

四、結晶

糖膏送到類似蒸發罐的結晶罐，繼續真空減壓煎煮，可以陸續析出蔗糖結晶，糖的結晶與母液混合後放入助晶機繼續攪拌，糖粒結晶體便次第生成。

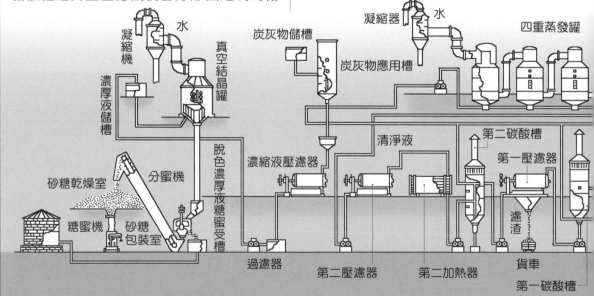

五、分蜜

分蜜就是將糖蜜和結晶糖粒分離。結晶後，糖膏中大部分是已經結晶之糖粒，在糖粒與糖粒間有純度較低的糖液，是為糖蜜。結晶完成以後，把糖膏送入高速度離心的分蜜機，糖蜜會流出分蜜機外，聚留在分蜜機內的糖粒，經過乾燥手續後，就成為一號糖。流出分蜜機的糖蜜會再送回結晶罐作為母液再製二號糖及三號糖。最後由三號糖出來的蜜，不會有結晶，就當做廢蜜灌入糖蜜罐車，運到副產廠作為酒精的原料。

六、烘乾與倉儲

經過乾燥室的砂糖，冷卻下來就被移到樓下的包裝室，依市場需求進行自動過磅、包裝（早期用麻袋、現今多為塑膠袋），成為可以出廠的產品。

▌製糖工廠的加熱器。

▌製糖工廠的分蜜機。

農業

耕地白糖的製造流程

早期台灣製糖業以石灰法製造粗砂為主，鹽水港製糖會社於1910年派人赴爪哇調查後創製了「耕地白糖法」。耕地白糖法經過蔗汁之沉澱、清淨、過濾等等數次科技方法去除雜質，再經過蒸發、結晶完整的操作，最後以分蜜機去除糖蜜，完成的糖晶粒特大而整齊，白糖糖度可達99度到99.8度，大幅改進了以往材料耗損、成本偏高、品質比好的缺點。

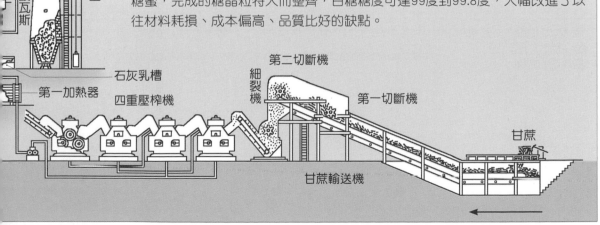

蒸氣

碳酸瓦斯

石灰室

石灰乳槽

第一加熱器

四重壓榨機

第二切斷機

細裂機

第一切斷機

甘蔗

甘蔗輸送機

粗糖製程圖

❶ ❷ 壓榨蔗汁

甘蔗運輸到糖廠後，倒入輸送機，進入二重切蔗機、細裂機、再送入壓榨機榨汁。蔗渣則回收作為燃料，送進鍋爐燃燒後產生蒸氣發電，也利用鍋爐燃燒後的熱能來蒸發蔗糖。

❸ 清淨雜質

加入石灰乳可以清除蔗汁雜質，使雜質凝結沉澱。

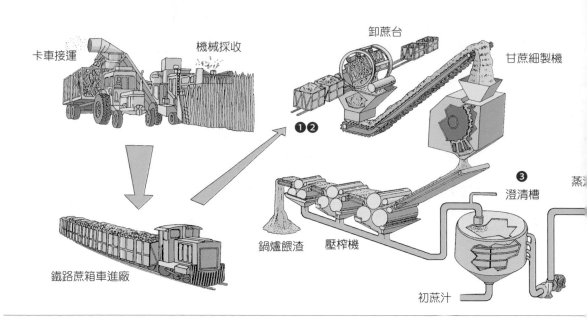

卸蔗台

機械採收

卡車接運

甘蔗細製機

❶❷

鐵路蔗箱車進廠

鍋爐餵渣   壓榨機

❸
澄清槽

蒸

初蔗汁

精煉糖製程圖

精煉白糖

步驟：

❶ 粗砂再溶解
❷ 碳酸飽和處理
❸ 過濾
❹ 脫色
❺ 析出結晶
❻ 進汁分蜜
❼ 乾燥處理

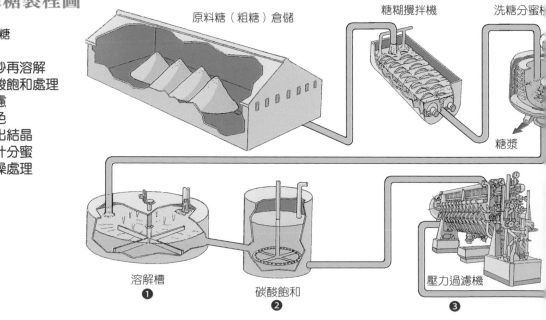

原料糖（粗糖）倉儲

糖糊攪拌機

洗糖分蜜

糖漿

溶解槽
❶

碳酸飽和
❷

壓力過濾機
❸

❹ 真空蒸發
將蔗汁進行真空蒸發,將體積濃縮至原來的1/4,成為糖漿。

❺ 析出結晶
糖漿倒入密閉之結晶罐,在高溫真空減壓下達飽和而析出結晶糖膏。

❻ 進行分蜜
糖膏是糖蜜和結晶糖的混合物,利用分蜜機離心分離,結晶糖會留在罐中是成品糖,而分離出去的糖蜜可加工製成酒精、酵母等產品。

❼ 乾燥篩選
最後,將砂糖進行乾燥處理,放入跳動式篩選機,以剔除過大及太小的顆粒,然後裝袋,成為可以出售或儲藏的成品。

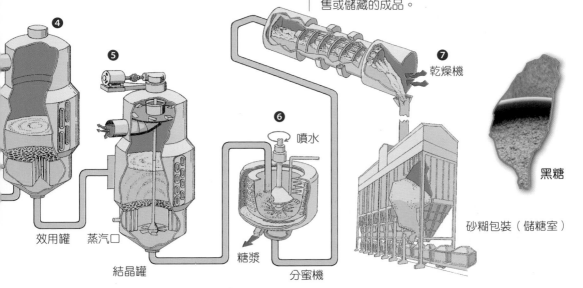

❹ ❺ ❻ ❼ 乾燥機

效用罐　蒸汽口

結晶罐

噴水

糖漿　分蜜機

砂糊包裝(儲糖室)

黑糖

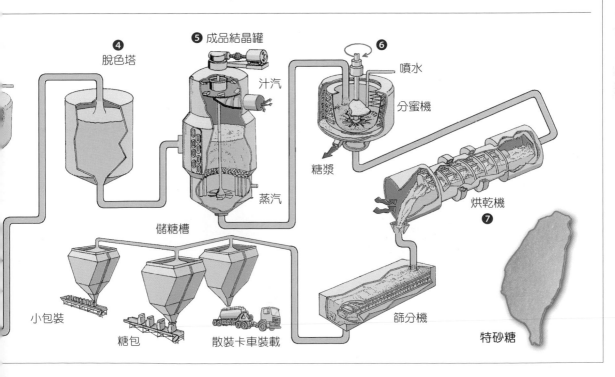

❹ 脫色塔

❺ 成品結晶罐

❻ 噴水

分蜜機

汁汽

蒸汽

糖漿

儲糖槽

小包裝

糖包　散裝卡車裝載

烘乾機　❼

篩分機

特砂糖

台灣現存的糖廠

台灣自民國74年台糖緊縮生產改以內銷為主，並持續裁撤各地糖廠，後期剩下虎尾、南靖、善化3個製糖工廠及小港1個煉糖工廠。民國83年，台糖公司與台灣的食品業，在越南與官方合資成立「越台糖業有限責任公司」，興建粗糖廠，並將越南生產的粗糖購買回台灣的小港精煉糖廠精煉，當時成為台灣砂糖的主要來源之一。

台灣糖業博物館

建於日治時期明治33年（1900）的台灣製糖株式會社橋仔頭製糖所是台灣第一座新式的糖廠，民國88年（1999），高齡100年的橋仔頭高雄糖廠正式停產，民國95年台灣糖業博物館在原地開幕，在台灣糖業博物館可以參觀原有製糖工廠的設備廠房及各種員工辦公與生活的設施、也可以瀏覽台灣糖廠的歷史、參觀台糖五分車及鐵道古蹟、認識耕作甘蔗的大型機具、體驗甘蔗圍成的迷宮、享受台糖的特色冰棒等，是一個認識台灣糖產業的最佳去處。

台糖五分車

日治時代的早期，南部的糖廠曾經鋪設鐵軌用牛在上拉車，以節省運輸成本。日本明治40年（1907），台灣製糖株式會社開始引進水櫃蒸汽機車，之後台灣的糖廠就以工場為中心向四周展延出許多原料運輸專用的鐵路。糖業鐵路的軌矩為762公厘，比台灣縱貫線的軌距窄小很多，幾乎是國際鐵標準鐵軌軌距1435公厘的一半，因此俗稱五分仔車。在糖業的黃金年代，全台灣敷設了3000公里的糖業鐵路上，有21營業線還可以連接台鐵縱貫線，五分鐵路對早期糖業發展與農村的交通有巨大貢獻。

台糖的五分車。

農業

民眾參觀橋頭糖廠。

橋頭糖廠的製糖設備。

花蓮光復糖廠的花糖文物館。

台糖其他的觀光資源

台糖許多停產的糖廠已經改變為休閒娛樂的功能，包括遊客可以遊走在鍋爐至煙囪間囪底隧道的月眉觀光糖廠；可以搭乘觀光五分仔列車體會舊時田園樂趣的溪湖花卉文化園區；可以搭乘五分仔車沿途欣賞多種果樹與農作物的新營鐵道文化園區、倉庫成立鹽分地帶文學館的麻豆糖廠、盛產蝴蝶蘭的烏樹林休閒園區；觀光五分車經過的防禦碉堡的蒜頭蔗埕文化園區，有兒童遊樂設施還販賣好吃冰品的旗山糖廠；可以在昔日專業司機指導下開動火車頭的南州糖廠；有日式木屋民宿客房的花蓮觀光糖廠；展示古早造糖的器具南靖休閒園區；成為池上牧野渡假村的台東糖廠；有綜合各種園藝休閒功能的高雄花卉農園中心；如同一座大型的花市的鳳山園藝休閒廣場等。

糖業博物館展示的甘蔗農機。

台灣酒業的歷史

三百多年前，在荷蘭人佔據台灣的時期，當時已經有民間的釀酒坊存在，來自閩粵的漢人移民已經開始在台灣釀酒，而荷蘭的士兵及水手則是主要客戶。荷蘭人當時甚至把在荷蘭人大員地區賣酒的權利以高價標售給漢族的商人。

台灣早期最普遍的飲用酒

明清早期的台灣，民眾最普遍的飲用酒是甘蔗釀造的，利用製糖時剩餘的糖水來釀酒。依照生產出來的批次，依續為品質最好的頭水製成的甘蔗酒、二水製成的離仔酒、雜質較多的三水製成的糖蜜酒。

紅麴釀酒的引進

明鄭到清領初期，台灣的酒類生產以白麴的蒸餾酒為主，除甘蔗酒外，也有自行釀造的米酒或地瓜酒。到了晚清時期，一些富豪家裡開始會用好米與中國進口的紅麴來釀好酒。清嘉慶年間，宜蘭林家從福建引進了製造紅麴的技術，開始在台灣製造紅麴，並釀造出知名的老紅酒，除了帶動宜蘭地區釀造老紅酒的風氣，也開啟了台灣釀造酒的新局面。

日治初期實施酒造稅規則

日治初期，台灣總督府於明治40年（1907）發布施行台灣酒造稅規則，針對造酒業者設定規模限制，並進行製造管理及課稅。這個措施使得台灣酒業的酒工場數量大量減少，但是製酒產量及稅額卻都年年增加。當時的酒造稅收入在台灣的稅負中，僅次於地租，成為台灣總督府的重要財源。

▌南投埔里酒廠展出各種酒標。

日治時期紅酒裝瓶作業。

小米酒。

農業

台灣酒類專賣的實施

日大正11年（1922），日本在台灣開始實施酒類專賣，陸續徵收民間的酒工廠歸政府，甚至連原住民部落的釀酒器具也集中砸毀焚化。酒的製造及販賣除啤酒及酒精製造可以由民間經營，其餘均由官方經營。酒類販賣機構也由總督府指定，分為賣捌人及小賣人兩種，販賣規則及零售定價都必須遵守規定。這種完全專賣的制度，光復後一直延續施行到2002年才廢止，前後有80年之久，當時酒的專賣收入，也一直是台灣財政主要的來源。

台灣光復後酒的公賣制度

台灣光復後，國民政府接收日本專賣局的資產及業務，繼續實施酒的專賣，民國36年（1947）5月，專賣局改制為台灣省菸酒公賣局，把日治時代多項專賣事業減縮僅剩菸草和酒類，並將查緝私菸酒的工作交給警察機關。台灣省菸酒公賣局則收回所有菸草及酒業公司直營。菸酒類的零售商需向當地菸酒公賣分局或辦事處提出申請，經核發許可證及菸酒鐵牌後才可以營業。民國91年（2002）因應WTO菸酒市場自由化的要求，台灣省菸酒公賣局改制成為台灣菸酒股份有限公司。

台灣的民營酒莊

台灣加入世界貿易組織後，開放了民間釀酒事業，農委會在921震災後專案補助，在苗栗、台中及南投成立了大湖酒莊等9個農村示範休閒酒莊，每年並舉辦優良農村酒莊和酒品評鑑，期望向消費者推薦優良的酒莊旅遊。但是相對歐美酒莊的數百年技術與經驗，台灣的酒莊尚在起步階段。

苗栗大湖酒莊。

埔里酒廠知名的紹興酒

埔里酒廠前身是日大正6年（1917）創立的埔里社酒造株式會社，當時以產製清酒、米酒、燒酒、老紅酒、藥酒等為主。台灣光復後，經歷次改組，到了民國46年正式定名為台灣省菸酒公賣局埔里酒廠。當年埔里酒廠的紹興酒以每年呈獻到總統府而知名，市面上供不應求，有時必須透過省議員的特權才買得到。

成為旅遊景點的埔里酒廠。

改造成旅遊景點的埔里酒廠

民國82年，因為開放洋菸酒進口後的競爭，埔里紹興酒銷售量大幅滑落，當時公賣局曾打算將埔里酒廠關廠。後來經文建會（現為文化部）推動社區總體營造、宣傳產業‧文化等理念及酒廠產業工會的努力下，以「用文化釀酒」的策略，設立展示中心把酒廠轉型成產業觀光酒廠，同時開發紹興酒香美食、建立酒文化館並結盟地方文化特色產業，成功把埔里改造成以埔里酒廠為主的旅遊景點。

埔里酒廠的酒窖。

以紹興酒聞名的埔里酒廠。

農業

建國啤酒廠

生產台灣啤酒的建國啤酒廠，前身是日大正9年（1920）的高砂麥酒株式會社啤酒工廠，是台灣第一座啤酒廠，品質與風味俱佳的啤酒，當年與北海道札幌啤酒廠齊名。

▍建國啤酒廠。

▍四連棟建造於1933年3月，是珍貴的歷史建築。

▍華山配電室改為茶屋。

建國啤酒廠成為市定古蹟

民國76年，台灣菸酒公司結束了台北市區的建國啤酒廠，把廠區遷到林口。廢棄後的建國啤酒廠，廠區裡傳統的釀酒設備和廠房，是台灣啤酒發展珍貴的史蹟。民國89年，台北市政府將建國啤酒廠指定為市定古蹟。廠區內的紅樓、綠樓、冷凍室機房、鍋爐室機房、木造建築群等，都是台灣工業建築藝術的珍寶。

▍華山文創園區經常舉辦藝術展覽。

具有文化創意的華山特區

廢棄後的建國啤酒廠，酒廠的舊建築轉化成戲劇、美術、舞蹈、音樂、電影的展演場地，並整合成為以藝術、設計及媒體文化三個領域的文化創意產業基地。

▍華山文創園區。

酒麴

酒的製造離不開醱酵，而讓製酒原料醱酵的催化劑就是酒麴。酒麴含有許多釀酒必須的微生物，如根黴菌、毛黴菌、酵母菌等等。酒麴形態可以分為固體麴與液體麴2種。固體麴又可分為塊麴與散麴。大塊的塊麴叫「大麴」，小塊的塊麴叫小麴。小麴是台灣傳統釀造米酒用的酒麴，俗稱白殼，主要的成分是澱粉、纖維、黴菌、酵母菌和少量的澱粉酵素。

高粱酒的酒麴

高粱酒的兩大原料是高粱和高粱酒麴。高粱酒麴有形如方磚的磚麴和狀如圓餅的麴餅兩種。台灣目前各高粱酒廠所用的高粱酒麴，最早是光復後從大陸江蘇引進的洋河大麴麴種。傳統製作高粱酒麴的原料為純小麥，早期是用井字形的木製麴模，以人工腳踏的方式製作。主要流程包括研磨後摻水攪和、入模成型，接著進房培麴、風乾，最後放入麴庫中存放。

高粱酒麴現代化的製造方法

1 原料粉碎
將製麴原料小麥用粉碎機磨碎。

2 原料攪拌及控量

磨碎的小麥通過漏斗進入攪拌器與水混合，並用凸輪設備控制開口把適量的麴麵倒進圓形模具。

3 壓麴

麴麵進入圓形模具後，以機械壓實成型，然後將製成的麴餅脫模。

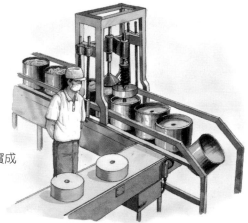

4 入麴室

脫模後的麴餅順著輸送帶進入培麴室。

5 進行培養

將輸送帶上的麴餅排放到培麴室裡檜木製的麴架上。培麴室有溫控空調設備。麴架的麴餅在4至5日後進行翻麴使麴餅兩面的溫度平均。然後立麴，讓麴餅能有良好的生養。到第15天麴餅就成熟了，此時讓麴架上的麴餅靠在一起保溫，成為靠麴。整個培麴的工作大約需要1個月的時間。

6 儲存成品

靠麴後約15天，麴餅即可搬出培麴室，送到麴庫堆疊存放。

蒸餾酒

蒸餾酒的製造，先以米、高粱或小麥等穀類為原料，經蒸煮、液化、糖化等過程醱酵成原酒，再利用蒸餾技術，將酒精及香醇濃縮蒸餾出來，再經過儲存醇化，就會製成酒精含量較高的蒸餾酒。

蒸餾高粱酒的製造流程

1 蒸煮
高粱用破碎機磨碎，再用清水洗滌，並加以浸泡，再用加壓蒸煮機或連續式蒸煮機蒸煮。

2 取出蒸煮的高粱飯
蒸煮機蒸煮約1.5小時後，用鏟子取出已蒸熟的高粱飯。

3 放涼
將高粱飯攤在已鋪上塑膠布的地面上放涼，等待高粱飯降到20℃至25℃左右。

4 拌麴
將磨碎的高粱麴粉放到已經放涼的高粱飯中均勻攪拌，麴粉約佔原料高粱的五分之一。

5 下缸

將已拌麴的高粱飯倒入稱為「缸」的醱酵槽中，在上面覆蓋透明塑膠布，使之密封。

6 翻醪

下缸1到2日後必須翻醪1次，以供給空氣、促進菌類繁殖，然後再密封待其醱酵。翻醪時醪溫以25℃至30℃最好。在第5至6日間會達到40℃至43℃高溫。夏季大約14至16日可以醱酵完成，冬季則需要16至20日。

7 蒸餾

取出酒醪，放入蒸餾鍋行首次蒸餾，最先餾出的酒，含酒精度65%以上者為大麴酒，剩下的酒渣再加麴粉攪拌並醱酵15日，重複進行下缸、翻醪、蒸餾等過程，可以蒸餾出酒精度60%至55%以上的純高粱酒，俗稱二鍋頭，最後再將剩下的酒渣子加麴粉醱酵15日，同樣也重複下缸、翻醪、蒸餾等過程，然後再除去雜物，即可以得到與高粱酒相似，酒精度55%至10%的酒尾。

8 儲存熟成

將蒸餾完成的高粱酒存放於儲存槽熟成，可以增進品質，等級較高的酒儲存於酒甕放置在陰涼的酒窖持續熟成數年，可以降低辛辣刺激感，也使麴味降低，香氣變得更好。

9 裝瓶出貨

釀造酒

釀造酒是以穀物或水果做原料，經醱酵後取得醱酵液，直接壓榨過濾做成酒，酒精濃度一般在20%以下，經過儲存後風味更好。台灣常見的釀造酒有紹興酒、清酒、啤酒、葡萄酒、梅酒等。釀造酒又可分為單醱酵酒與複醱酵酒。單醱酵酒是直接利用果實的糖分醱酵所製成，如葡萄酒；複醱酵酒是原料先經糖化，利用麴菌或唾液等酵素來醱酵製成的酒，如清酒、紹興酒等。

釀造米酒的製造過程

1 洗米
將用精米機精磨過的白米用清水洗淨，去除米粒表面的米糠。

2 浸米
將清洗過的白米放入缸中浸泡，使米粒吸水。

3 蒸米
從浸泡缸中取出白米，將多餘的水分瀝乾之後，放入釀酒的蒸米機中蒸煮。

農
業

4 酒母的製造

將蒸好的米飯加入水及酒麴，以培養能使酒釀酵的酵母，也就是製造酒母。

5 製醪醱酵

在醱酵過程中，以人工上下攪拌，讓底層溫度較低的酒醪升至上層，使均勻醱酵。

6 壓榨

將已完成醱酵的酒醪用壓榨機榨取出酒液。

7 儲存熟成

將榨取出的酒液裝瓶，並集中放在陰涼地方，使其繼續熟成。

啤酒

啤酒的主要原料是大麥芽、啤酒花、酵母、水等天然物質，但是也可
以摻入穀類或其他澱粉，使啤酒呈現不同的風味，像台灣啤酒就添加
了副原料蓬萊米。大麥芽在啤酒釀造過程中是酵母代謝所需糖分的主
要來源，利用酵母促使其產生酒精和二氧化碳，產生啤酒特殊的泡沫與清涼感。啤
酒花具有靜菌作用，所含的軟性樹脂和精油可以帶給啤酒特殊的芳香和苦味。

啤酒釀造過程

❶製麥
將洗淨的大麥浸入麥桶槽內，讓麥子吸收
水氣和氧氣，在嚴密的溫度、溼度控制
下，讓大麥適度發芽後再用熱風乾燥。在
製麥工程中，大麥發芽時會變成容易溶解
的狀況，成為啤酒製造過程必要成分。

❷糖化
將大麥芽研磨後加入熱水，把澱粉糖化變
成糖化液，糖化液過濾後添加啤酒花煮沸
後，再過濾做成麥汁。

❸醱酵
麥汁冷卻後加入酵母，放至醱酵桶進行主
醱酵。主醱酵完成的啤酒稱為生啤酒。

❹熟成
熟成又稱後醱酵，是利用生啤酒中殘留的
糖分，在低溫下繼續醱酵，使其產生飽和
碳酸氣，以釀造有成熟風味的啤酒。

❺過濾
熟成的啤酒用過濾機進行1至2次的過濾，
可以除去酵母及微粒子，就成為透明琥珀
色的啤酒。

❻製品包裝
將釀好的啤酒以真空方式進行充填、封
蓋、貼標、裝箱等程序。

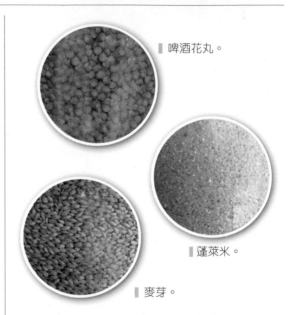

▌啤酒花丸。

▌蓬萊米。

▌麥芽。

▌林口觀光酒廠。

竹南啤酒廠。

東南亞第一的竹南啤酒廠

專門生產台灣啤酒的竹南啤酒廠，是目前東南亞最大的啤酒廠，也是台灣菸酒公司最年輕、最賺錢的酒廠。

竹南啤酒廠位於竹南工業區內，佔地達36公頃，年產3千萬打啤酒。除了生產啤酒，竹南啤酒廠的展售中心也是很好的啤酒文化休憩中心，以啤酒文化為主軸的展售區展出台灣菸酒公司出產的各系列酒品及得獎佳釀。

文物陳列館則蒐集了早期釀製啤酒的相關機械、酒瓶模組及用具，讓遊客可以了解台灣啤酒生產的過程和歷史。

生啤酒與熟啤酒

剛釀好的啤酒仍有許多酵母在其中，如果不經殺菌，直接包裝上市的啤酒就是生啤酒。如果用巴氏殺菌法處理，將啤酒中的活性酵母去除後，所生產的啤酒就是熟啤酒，也就是一般啤酒。生啤酒雖然較具有原味，但是容易變質，保鮮時間不如熟啤酒久，因此要品嚐生啤酒的原味甘醇，就必須趁鮮飲用。

竹南啤酒廠。

原住民的酒文化

酒是原住民在農耕、社交、儀式、文學、藝術，甚或宗教等方面的重要文化因素，原住民對釀酒、飲酒的時機及年齡有一定的規範。有些人對原住民有嗜酒的錯誤印象，其實酒在原住民的文化裡有著傳承自山林自然的深刻智慧。

▎小米。

▎魯凱族的迎賓飲酒。

原住民的釀酒法

台灣原住民釀酒的方法有嚼酒法、餿飯釀造法及酒麴利用法等3種，主要的釀酒原料是俗稱的小米的粟。

嚼酒法

嚼酒法釀酒至少有3千年以上歷史，是台灣最古老的釀酒方法之一。民國五十年代禁止原住民釀酒，因而面臨失傳危機。嚼酒是利用唾液裡的酵素釀酵做酒的原始方法。雖然男女老幼都可嚼酒，但祭祀用酒必須是少女咀嚼製成。嚼酒與藏酒用的酒具包括木槽、濾糟的濾帚或濾袋。

▎小米酒。

▎矮靈祭中賽夏族人飲酒共樂。

農業

嚼酒的製造過程

1 將小米放入臼中舂去其殼。

2 溼粉塊揉成長方形粉塊。

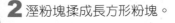

3 用月桃葉包裹長方形粉塊。

4 用手掌取酒甕的熱水吸取一口，再咬兩小口咀嚼，嚼成粢漿吐入盆內，再和未嚼粢粑揉和。

5 將舂成粉末的藜子粉傾入酒甕。

6 用木杓加以攪拌。

7 用樹葉密封甕口，再加蓋重物。

林業

新中橫的夫妻樹，原是兩棵紅檜神木。

台灣林業的歷史

台灣的土地除了少數的沖積平原外，大部分是山地，台灣本島高於100公尺的山地，佔全島面積70%左右。廣大的山地帶來廣闊的森林，台灣的森林面積約佔台灣總面積的1/2。其中可以發展林業的面積約佔全部森林面積45%。但因為台灣森林多為經濟價值不高的闊葉樹林，木材生產主軸的針葉樹林只佔森林面積的20%左右。台灣森林面積雖大，但木材資源卻不算豐富，需要善加照顧保持。為保護森林資源，台灣自民國60年代開始已經全面禁止伐木。

鹿曾經是台灣森林產業的主角

早期台灣原始森林茂密，山谷裏鹿生長眾多，荷蘭人佔據台灣後曾經大肆獵捕，鹿皮貿易最高時曾達到年出口20萬張，從台灣許多以鹿為名的地名，如鹿港、鹿寮、鹿滿、鹿場等，可以知道鹿產事業在當時的重要性。清朝統治初期，台灣鹿皮貿易隨著山地的開發，日益衰退，到了清乾隆初年（1736），鹿皮產量已經非常稀少，清光緒3年（1877），更全面取消徵收鹿皮的稅，鹿產事業從此退出歷史舞臺。

▇ 鹿曾經是台灣森林產業的主角。

▇ 十七世紀的熱蘭遮城(台南地區)各式船隻來往熱絡。

清代台灣伐樟造船

福建早期就是中國的造船重地，在清代廈門是福建的造船中心。在明鄭時期，台灣受廈門影響，就已經開始伐木造船。清朝收回台灣以後，在清康熙29年（1690）開始在台灣建立造船廠，採伐樟木作為造船材料。後來短暫收回福建經營，到清雍正3年（1725），又恢復在台灣設廠造船，到了清同治6年（1867），蘇澳還曾經興建了具有蒸氣動力的鋸木廠，伐木製板外銷運往福州造船。

▌戎克船。

▌樟樹。

林業

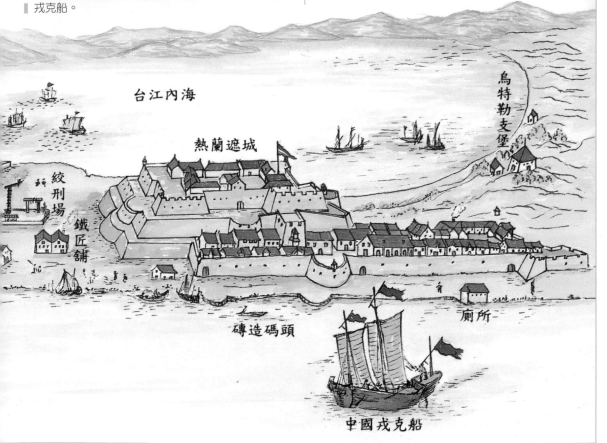

台江內海

熱蘭遮城

烏特勒支堡

絞刑場

鐵匠舖

磚造碼頭

廁所

中國戎克船

曾經輝煌的森林產業

自清領到日治結束的260年間，森林對台灣的產業有不可磨滅的貢獻，在樟腦、藍靛染料、木材等相關產業都有過輝煌的歷史。清康熙22年（1683）以後，法令限制大陸移民來台，同時實施封山政策，以嚴防台灣成為叛亂基地。雖然如此，漢民來台開墾愈多，封山越界禁令愈形同虛設。漢人還是陸續進入南投、台東、花蓮、宜蘭等山地區域拓墾，並開始有伐木鋸材、生產樟腦等林業活動。到了清同治13年（1874）以後，沈葆楨奏請清廷「開山撫番」，廢除了近200年的封山禁令，再經過劉銘傳推動的經濟建設工作，台灣產業進步迅速，南部的糖，北部的米、茶、煤、硫磺、樟腦、藍靛染料、木材等生產均對民生產生重大貢獻，當時全台灣的經濟物產除糖、米、煤外，均與森林有關。

日治時期花蓮伐木作業。

日治時期嘉義木材廠。

日治時期阿里山鐵道運送木材。

台灣林場分布圖（1957年）

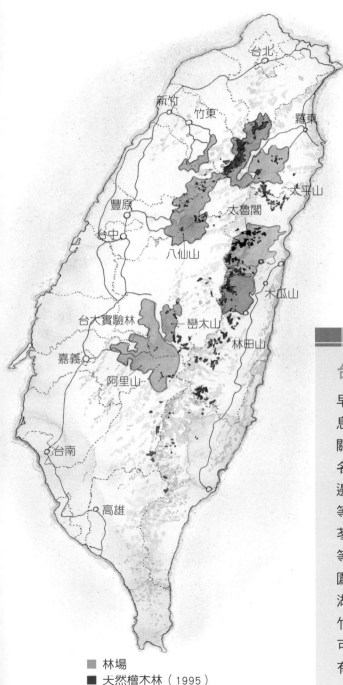

■ 林場
■ 天然檜木林（1995）

森林多目標利用系統樹圖

固碳
休養保健　陶冶性靈
自然教育
環境美化　生態保育
森林遊樂
林木生產　國土保安

台灣與林業相關的地名

早期台灣許多先民的生活區域和林業息息相關，也因此產生許多與林業有關的地名。台灣有許多含林字的地名，如芎林、大林、林內、林口、林邊、二林、坪林、樹林、秀林、茂林等。也有許多以樹種為名之地，如茄苳、松柏、老梅、莿桐、九芎、林投等。還有更多以竹命名的地方，如竹圍、竹林、竹坑、竹山、竹崎、竹子湖、新竹、竹東、竹南、竹北、蘆竹、路竹、瑞竹、竹田等。由地名也可以看出森林對早期台灣人民的生活有許多影響和貢獻。

昔日台灣重要輸出品——樟腦

樟腦是台灣的特產，在明末，就有鄭芝龍在台灣製造樟腦、外銷日本的紀錄。清咸豐10年（1860）台灣開港貿易，樟腦年出口約20萬圓，是當時台灣重要的輸出商品。

清代樟腦專賣左右市場的興盛

清同治年間將樟腦收歸官方專賣，與外商洋行產生利益衝突。清同治7年（1868），發生英商怡記洋行請英國自香港調集陸戰隊從台南上岸打敗清軍的樟腦糾紛事件，清廷被迫廢止專賣，外商開始可以自由買辦樟腦。但從此之後，樟腦產量激增引起價格暴跌，洋行及官府兩敗俱傷。清光緒13年（1887），台灣樟腦又歸官辦，樟腦復歸興盛，其後又因故更改幾次專賣做法。一直到清朝末年，台灣樟腦業的興衰都與專賣與否息息相關。

日治時期的樟腦事業

日治初期日本政府全面調查台灣樟腦生產數量，恢復樟腦專賣，加強取締私售，並造植樟林、引進土佐氏製腦法、提高品質、統一配銷，奠定當年良好的樟腦事業經營基礎。樟腦專賣當時曾經是台灣財政四大歲收之一。一直到日本人發動太平洋戰爭（1942年）以後，台灣樟腦銷路衰退，加上日軍濫伐樟樹充作防禦工事，台灣樟腦事業遂步入尾聲。

▌日治時代提煉樟腦的工寮。

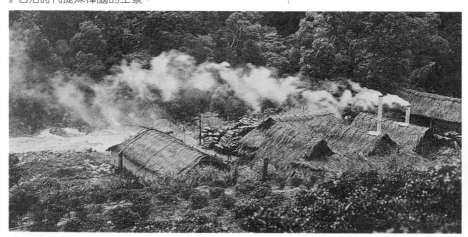

日治時期樟樹木材採集提煉樟腦。

提煉樟腦作業。

樟腦冷卻器。

運送樟腦油。

林業

驅除蟲蟻的樟腦沙。

驅除蟲蟻的樟腦油。

潔膚清香的樟腦皂。

樟樹。

樟木片。

樟腦的製作——煎腦法、桶式煉腦法

煎腦法

台灣早期的樟腦製造技術來自福建，以鍋式或煮式的煎腦法為主。製作前，先將新鮮樟木切片，用水浸泡三天後，放入鍋內煎煮，煎腦時要用柳枝不斷攪拌，當腦汁蒸發減少約一半，柳枝上出現白霜的時候，開始濾除渣滓，倒入瓦盆之內，隔夜存放後就會結成樟腦塊。

❶ 煎腦前先刨樟木片

煎腦法流程

❷ 以井水浸三日夜

❸ 用柳枝攪拌直到柳枝上結出白霜

❹ 濾除渣滓待結塊

桶式煉腦法

早期的煎腦法產生的樟腦很少，約自清光緒16年（1890）起台灣先民陸續改用桶式或蒸式的煉腦法，製樟腦的工人（腦丁）會先建立腦寮，堆砌土塊成灶，一灶稱一份，每一灶設置10個鍋。鍋上覆蓋有孔的木板，用黏土封好，板上放置木桶，每桶裝盛9到10片的樟木削片，桶的四周再圍上木板、桶頂用陶甕當做冷卻器蓋上。鍋子加水蒸煮，經過一晚，第二天拿掉下半桶的樟木片，再添加半桶新樟片，加水繼續蒸煮，每日更換兩次樟片，連續蒸煮

10天。蒸煮時，水蒸氣會挾帶樟腦成分上升，遇到桶頂的陶甕後就冷凝結霜。10天以後挪開陶甕，結霜會達到一定厚度，就可以用木竹片刮取結晶的粗製樟腦。

樟腦油的製造過程

❶ 砍伐
腦丁用專門的工具「鐇子」，將樟樹剷削至樹倒下。

❷ 剷匕
將砍下的樟樹削成　條條均勻、細長的樹匕。

❸ 搬運
樟樹匕裝進麻袋，用蔗夯扛搬，或木船拖拉運回腦寮。

❹ 提煉
樟樹匕倒進炊桶內，　蒸熬出樟腦油。

❺ 裝桶
熬出的腦沙和樟腦油過濾處理後，分別裝桶。

❻ 出貨
由挑夫將裝桶的腦沙、樟腦油運送下山。

樟腦的製作——土佐式製腦法

土佐式製腦法

日本統治台灣之後，引進日本人發明的土佐式製腦法，其特點在結晶器與冷卻器分離並安置在蒸餾器之外，製作完成後除了產生樟腦之外，還可以獲得樟腦油等副產品。土佐式製腦法先將樟片置入有如蒸籠的甑中，灶內加熱以蒸餾法使樟腦成分隨水蒸氣析出，通過竹筒，流入後方冷卻槽，樟腦成分會隨著蒸氣在冷卻槽前後槽的翼板間迂迴，再經由上下槽冷卻而結晶成粗製樟腦。

冷凝池。

土佐式製腦法流程

❶ 刨削樟木片

❷ 蒸煮樟木片提
　 煉樟腦成分

❺ 由袋內腦砂中滴出樟腦油

❹ 刮除結晶樟腦

❸ 於腦寮後方之冷
凝池冷卻結晶

林
業

消失的伐木事業

日治時代，台灣的森林伐木非常發達。在光復後，台灣的原始山林除了確證原為民有的以外，全數都收歸公有。公有林地分為保留經營與開放墾殖二部分，政府以法律嚴格規定林地的用途，尤其是自民國60年代開始，台灣全面禁止伐木，伐木事業已經成為歷史回憶。

大規模伐木事業起始於阿里山

清光緒12年（1886），清政府在台灣曾設立伐木局，但是實際伐木業務沒有可以參考的歷史資料。台灣的大規模伐木事業起始於日治時代，日本於明治32年（1899）開始決定開發阿里山森林，日本大正2年（1913）阿里山鐵道通車，次年嘉義製材工廠開工，台灣從此開始了大規模的伐木事業。隨後又陸續開發了八仙山與太平山兩地。木材的產銷並促成了嘉義、豐原、羅東三個地方的繁榮。

 伐木作業

伐木區依照核准的伐木計畫及規定進行伐木。早期以手斧、手鋸為伐木工具，自1950年代後多改以鏈鋸作業。

❷ 造材作業
把伐倒的木材削除枝節，把木材依照二
公尺為單位截斷成材，以方便裝運。

日治時期運材臺車。

❸ 轉材集材
造材的原木原本散布在各伐區，必須逐
段集中，轉集木材作業的工具或設施有
鶴嘴鍬、轉材鉤、土滑道、木滑道、木
馬道等。

木滑道

❹ 架線集材

伐區內所有原木以人力或機械轉移至架空集
材線下方，用滑輪及收放兩條曳索操作載運
木材上下進退，將原木曳向集材主柱下方的
裝車盤台或運材道邊。

早期蒸氣集材
機，集材至軌
道邊待裝車。

❺ 裝車作業

路邊設置裝材架空索道或行動吊車，
吊取盤台或路邊之原木後安置於載材
台車或運材卡車。

❻ 山地運材

山地運材因地形及道路設施不同，有不同載運方式。
早期運材係將原木轉至溪邊投水，再順流而下山，稱
為管流。也有沿山邊設短距離木馬路，把木材放在橇
具（木馬）上，用人力操控順坡而下。也有在環山沿
坡設山地軌道，把木材放在台車上，組成列車用小
型機關車拉行。如果台車運材要經過地勢陡峭或斷崖
處，則設置架空索道或伏地索道，把每台材車逐台單
放至下面軌道，再組成列車繼續前進。

山地火車運材，
過溪谷處必須構
建高架橋樑。

❼ 土場作業

山地軌道運材至土場後,將列車所載木材傾卸於路邊或盤台,再準備換裝使用平地的運材載具。但阿里山森林鐵路、林田山軌道運材、大雪山與棲蘭山的卡車運材,因為可由伐區直達平地貯木場,因此無須土場換車。

❽ 平地運材

平地運材設施,有森林鐵路如太平山及八仙山林場,有卡車林道如巒大山林場,望鄉山先是台車軌道運材,後改為林道卡車運材。

平地卡車運材。

❾ 貯木作業

運材車駛抵山下市鎮的貯木場,經過驗收後,就進行卸材作業,輕的木材放入貯木池,重的木材卸放在地上,然後把木材整理成堆,就可以開始標售或運送到製材工廠。

日治時期阿里山森林鐵道運送木材到嘉義木材廠。

木炭是先民生活的重要燃料

台灣社會由於天然氣普及，現已經很少使用木炭當燃料，目前的木炭幾乎都靠進口，但是在民國50年代之前，木炭曾經是先民生活重要的燃料，以炭窯燒木炭的行業也曾經興盛過，早期在台北北投、新竹、苗栗等丘陵地，因為盛產相思木，是早期台灣北部木炭的重要出產地，當年木炭也是林業生產的重要產品。

木炭的製造過程

木炭主要的原料是相思木或龍眼樹，台灣最常見的還是相思木的木炭，製作時先將相思木裁成段，再一根根的豎在窯裡，以適當溫度火烤煙薰10到15天，再冷卻約兩星期，2萬斤的木材，大約能燒成6千斤左右的木炭，燒炭過程非常辛苦。

▌相思樹是木炭原料之一。

排水道
窯內的木材在炭化過程中水分會逐漸釋出，再由排水道排出。

窯門
2

測試木插入口

▌木炭。

燒木炭的步驟

❶ 將木材豎直地排列在窯內，並在頂端預留空隙，促進熱氣流通。

❷ 利用磚塊或石頭將窯門封閉，以阻絕熱氣外洩。

❸ 不斷添加柴薪維持火燒不斷。經過數日不眠不休的燃燒後，可抽出測試木觀看炭化的程度。

❹ 冷卻兩星期後，就可開窯將燒好的木炭搬出窯洞外。

木炭窯。

林業

窯頂

窯身

相思樹或龍眼樹

灶口

1

4

燒火口

3

木炭窯內部構造及木炭製造圖

漁業

東北角深澳漁港

台灣的漁業

台灣四面環海，海岸線全長1600餘公里，黑潮流經台灣東部及台灣海峽，是魚貝介類良好的繁殖、棲息場所，海洋生物非常豐富，是良好漁場。目前在台灣發現的海洋生物種類，海藻有500種以上，軟體動物2500種以上，螃蟹約300種，蝦類約270種，魚類2600種以上。這些資源及自然生態，使得漁業成為台灣重要的產業。

台灣漁業分六大類

台灣漁業的形態依照作業區域及方式不同，可區分為沿岸、近海、遠洋與海面養殖、內陸養殖、內陸漁撈等六大類，其中內陸漁撈因為規模甚小，沒有太多經濟利益。

沿岸漁業

沿岸漁業是指在12浬領海內，或是沿海當日可來回的範圍內，從事漁撈的漁業。主要作業方式有刺網、定置網、魚苗捕撈業等。台灣沿海漁業主要產出的水產有牡蠣、櫻花蝦、白帶魚、鎖管等。

近海漁業

近海漁業是指在12到200浬經濟海域以內，在沿岸與遠洋中間水域從事漁撈的漁業。主要作業方式有拖網、延繩釣、火誘網等。台灣近海漁業主要產出的魚類有鯖魚、鰺魚等。

遠洋漁業

遠洋漁業是指在200浬經濟海域以外，遠渡重洋的大規模漁業。主要作業方式有有鮪延繩釣、鰹鮪圍網、魷釣和秋刀魚棒受網等。台灣遠洋漁業佔漁業總生產值的46%，是台灣最主要的漁業。生產的魚類有鮪魚、鰹魚、旗魚、秋刀魚和魷魚等。

海面養殖

台灣的海面可分為淺海養殖及海面箱網養殖。淺海養殖是在潮間帶養殖牡蠣及文蛤，利用海中的植物性浮游生物為養分養殖，養殖投餌甚少。海面箱網養殖則是在低潮線外的淺海區錨碇箱網，放養海水魚，並以人工餵養飼料，海面箱網養殖比陸上魚塭的水質較易管理，是比較先進的養殖方式。目前台灣海面養殖漁業的品種以牡蠣、石斑與海鱺三種為主。

內陸養殖漁業

台灣內陸漁業佔漁業總生產值的31%，是台灣漁業經濟的重要支柱。內陸養殖漁業分為淡水、鹹水養殖兩種，淡水養殖種類包括吳郭魚、鰻魚、鱸魚、長臂大蝦等；鹹水養殖包括虱目魚、鯛魚、鱠魚、文蛤、蝦類等。由於台灣在水產種苗生產與養殖技術上不斷的研發改良，養殖漁業已經成為台灣新鮮海產的重要來源，在外銷上也有顯著成績。

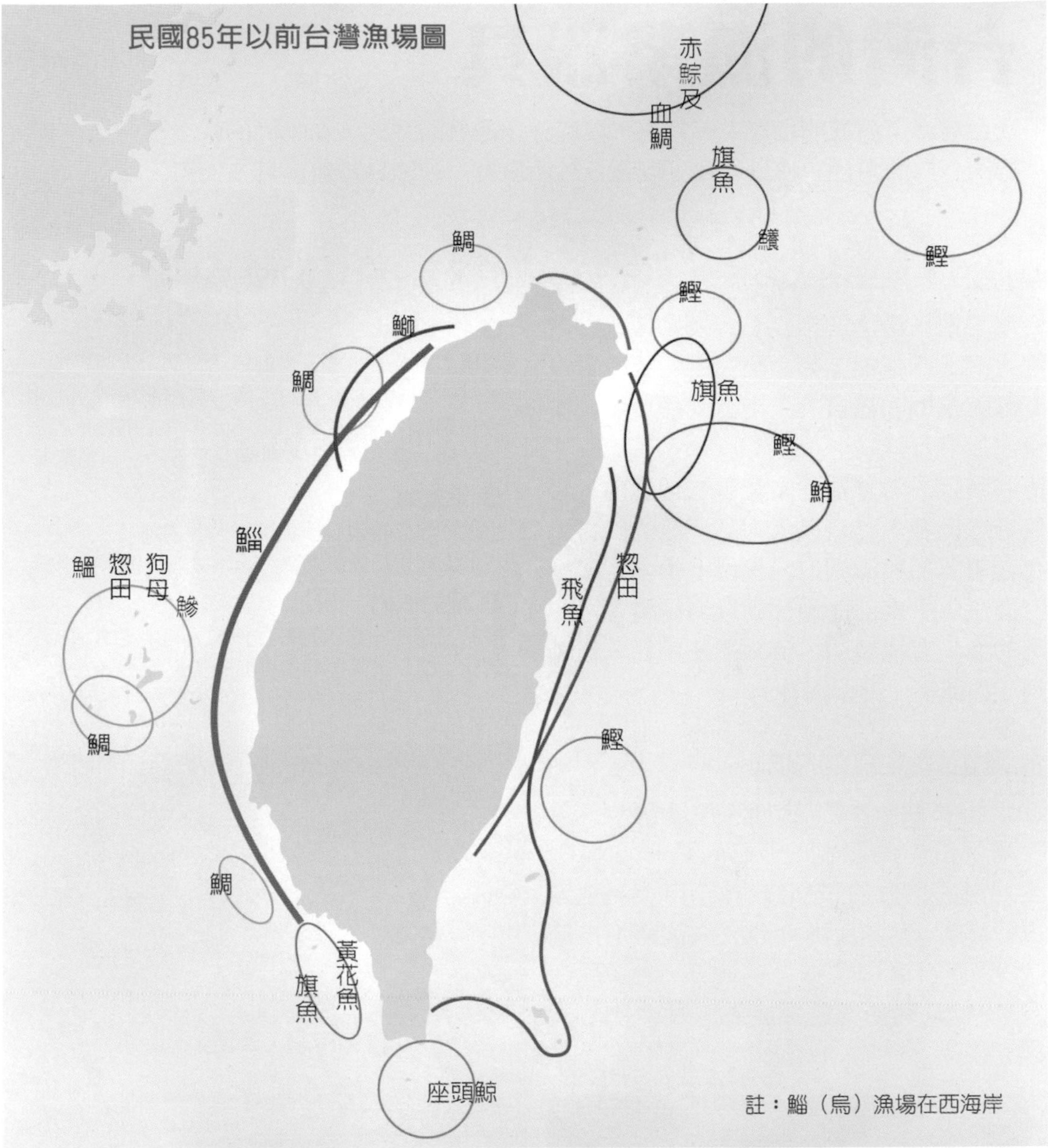
民國85年以前台灣漁場圖
赤鯮及血鯛
旗魚
鱰
鰹
鯛
鰤
鯛
鰹
旗魚
鰹
鮪
鯔
鯔
鰮
鰆田
狗母
鰺
鯛
飛魚
鰆田
鰹
鯛
黃花魚
旗魚
座頭鯨
註：鯔（烏）漁場在西海岸

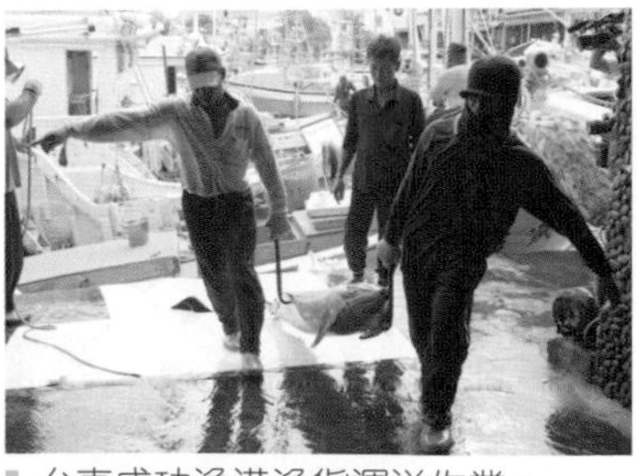
台東成功漁港漁貨運送作業。

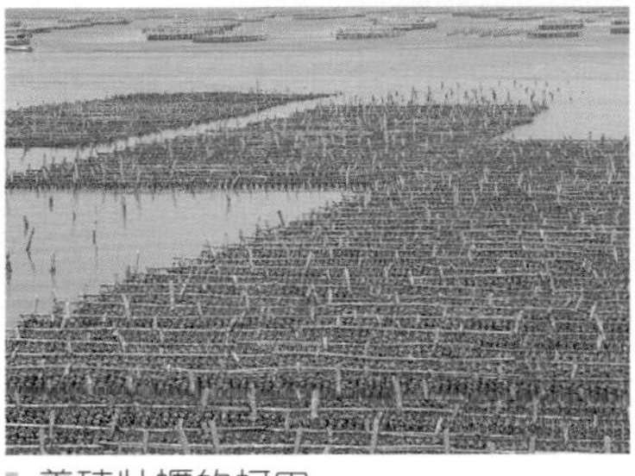
養殖牡蠣的蚵田。

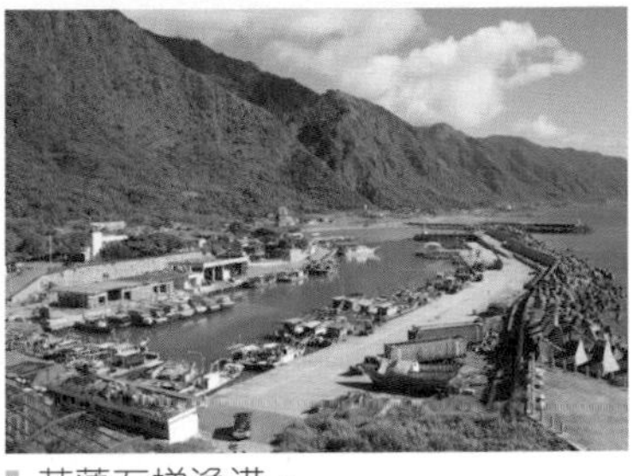
花蓮石梯漁港。

台灣的漁業器具

在台灣漁業演進的過程中，曾經出現過許多漁具的型式，在不同的時空裡扮演各自的角色。漁具大致可以區分為網漁具、釣漁具及雜漁具三大類。

早期沿岸為主的人力捕魚

台灣早期以沿岸漁業為主，多以傳統古老的方式進行採捕，如撒網、手釣、牽罟、石滬、摸蝦、挖貝等人工方式捕魚，經濟規模都不大。

清領時代，除養殖漁業及手工捕漁外，台灣沿岸漁業，仍是以人力為漁船的動力，在台灣北部與澎湖的漁民大多乘坐木船出海捕魚，中南部的漁民則以漁筏為主。使用的漁具有拖曳網、流刺網及手釣、延繩釣、搖鐘網、烏捲網等。

台灣遠洋漁業的起飛

20世紀初期，台灣開始有動力漁船，漁業脫離了沿岸的限制，迅速向遠洋漁場拓展。光復後，政府積極修建漁港，發展遠洋鮪釣計畫，尤其民國56年完成前鎮漁港的建設，使台灣漁業擴及三大洋，遠洋的鰹鮪圍網、魷釣漁業成為漁業經濟的主軸。

▌著名的澎湖雙心石滬。

台灣的漁具漁法（❶～⓲）

❶ 拖曳網

俗稱「牽罟」，是古老的捕魚方式，先將網的一端留在岸上，再以小船以半圓形動線將網放到海中，並將網的另一端交給岸上的人，岸上的漁民們再合力拉網，將漁網拖上岸後漁民平分所得的漁獲。

❷ 定置網

定置網是將網具鋪設在魚群洄游的路徑上，使用長方形的網遮斷魚群通路，並誘導進入袋網後撈捕。

❸ 單船拖網

單船拖網是一艘漁船單獨作業，利用兩塊網板張開網口，拖引漁網撈捕魚獲的漁法。

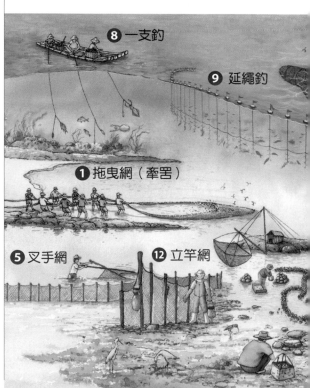

❽ 一支釣
❾ 延繩釣
❶ 拖曳網（牽罟）
❺ 叉手網
⓬ 立竿網

❹ 追逐網

追逐網為二艘以上漁船合作，由漁夫下海驅趕魚群進入網內而捕獲之漁法，因為只能由好泳技的漁夫在溫暖的季節作業，目前已經鮮少使用。

❺ 叉手網

叉手網是由叉手竿、袋網以及捕魚部構成的漁具，一般用在沿岸海域捕漁或魚苗，可以用人力、竹筏或漁船操作。

❻ 石滬

石滬是用石塊圍築在淺海之中，漲潮時魚群會隨潮水進入石滬，退潮時迴游至深水處的漁群無法退回海裡，因此被困於滬中，是一種石陷阱的原始的捕魚方式。澎湖的雙心石滬已經成為見證傳統漁業的代表景觀。

❼ 流刺網

流刺網漁法是漁船將長條狀的細目網順海流放入海中，使魚群被網目纏住不能逃脫而捕獲之漁法。除了流刺網外，還有其他鋪設在不同水域的刺網漁具，如浮刺網、底刺網、圍刺網和三重刺網等。目前聯合國已經宣布全面禁止公海流刺網作業。

❽ 一支釣

一支釣是傳統最簡單的漁具，釣魚者使用一根釣線，線上綁懸一個或多個釣鉤，以釣捕魚獲。釣具可分為竿釣具、手釣具和曳繩釣具。

❾ 延繩釣

延繩釣是在海中放置一條幹繩，在幹繩下方設置等間隔的枝繩釣具，有時可以延續數10浬之長。根據作業漁場水深的不同，可分成以浮子將釣具吊放在海面下的浮延繩釣，和直接鋪設在海底的底延繩釣。

❿ 損灘

損灘是一種已經被禁止的漁法，是用斧頭把珊瑚體打破，以取出其中的保育貝類黑石蟶（俗名灘），對珊瑚生態為害極大。

⓫ 耙網

是一種以手把拉動半圓形網衣的簡便網具，主要用來捕捉貝類的海產。

⓬ 立竿網

立竿網的捕魚原理與石滬類似，在退潮時將鐵條插在礁棚上或石滬間，依照網的高度把網的上緣綁在於鐵條上，下緣用礁石壓住網子。當漲潮時，魚會游過網；但退潮時，魚便被困在網子裡面出不去。

漁業

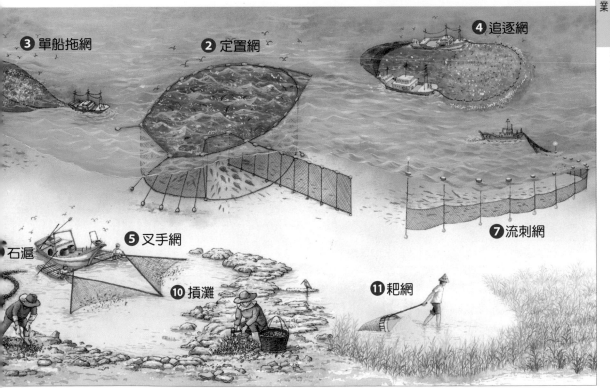

❸ 單船拖網　　❷ 定置網　　❹ 追逐網
❺ 叉手網　　❼ 流刺網
石滬　　❿ 損灘　　⓫ 耙網

⑬ 巾著網

巾著網為小型雙船式圍網。作業時兩艘漁船各載半副網具，抵達漁場後兩船停車靠攏，連結兩船漁網集魚部後並行，發現魚群時立刻自左右向魚群後方包圍，然後收起網裾下方吊環，然後揚網至集魚部時，就抄網撈起漁獲。

⑭ 雙船拖網

雙船拖網是兩艘漁船合作在海上作業，兩船各拖住同一張漁網的兩端，同時拖引漁網撈捕魚獲的漁法。

⑮ 焚寄網

焚寄網是多艘漁船共同作業，在夜間利用燈光誘集魚群，使網船能捕獲洄游的趨光性漁群。

⑯ 大型圍網（鰹鮪圍網）

大型圍網是船團合作的先進捕漁法，一般船隊包括有網船及作業船甚至有燈船和運搬船。網船為大型漁船，在漁區中定錨不動，指揮作業船或燈船進行拉網下網，待魚群入網後進行收網。台灣漁業的大型圍網以圍捕鰹魚及鮪魚為主，俗稱美式圍網。

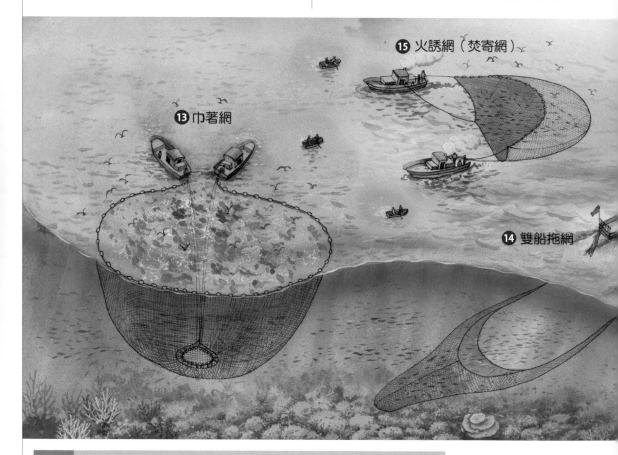

⑮ 火誘網（焚寄網）

⑬ 巾著網

⑭ 雙船拖網

古老的陷阱漁法

早期先民會以竹材編織漁具，或是利用河海邊的地形，構築陷阱誘捕魚類。這些簡單的方法，都是先民智慧經驗總結的捕撈方式。常見的陷阱漁法有誘導陷阱類、迷入陷阱類及強制陷阱類三種。

Ⓐ 誘導陷阱類漁法

❶⃝7 鏢旗魚

鏢旗魚是利用旗魚、鯊魚等大型魚類，在風浪中會浮游出水面的特性，以鏢鎗鏢捕魚獲的漁法。作業時正副鏢手站立鏢台上，鏢台下一人指揮，一人操船，另一人瞭望魚蹤。當目標物上浮露出背鰭或尾鰭的時候，漁船即全速追趕，到船首靠近目標時，兩位鏢手同時射鏢，等待被命中的魚無力掙脫時，將鏢繩收回撈起漁獲。

❶⃝8 魷釣

魷釣是專業的漁船釣法，一般使用50噸以上漁船，船載自動魷釣機進行釣魷作業。

▌魷釣船模型。
（農委會水產
陳列館）

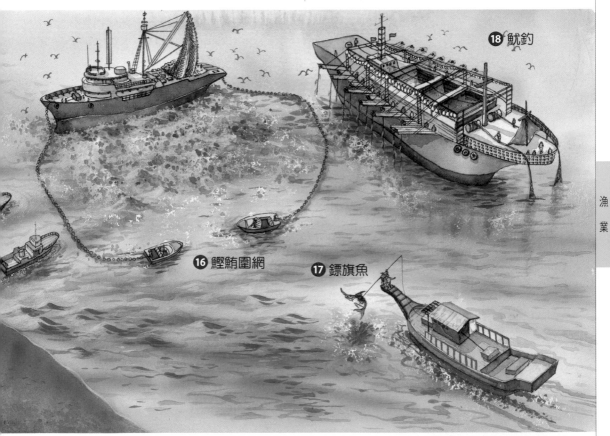

❶⃝8 魷釣

❶⃝6 鰹鮪圍網

❶⃝7 鏢旗魚

漁
業

Ⓑ 迷入陷阱類漁法

Ⓒ 強制陷阱類漁法

▌停在港口的漁船。

台灣隨處可見漁港

台灣是個四面環海的海島，除了南投外，每個靠海的縣市都有漁港，到處都可以嚐到美味無比的海產。有一些漁港會和漁村相鄰，成為整體漁業聚落型態，如台東成功漁港、宜蘭南方澳漁港等；有一些漁港則獨立在漁村之外，像花蓮港、嘉義東石漁港、新竹南寮漁港等。

漁港的功用

漁港的功用包括漁船停泊、避風、裝卸漁獲、漁船物資補給、修護及水產品加工、冷藏、買賣等。近來也有一些漁港有觀光旅遊的功能。

漁港的設施差異

一般的漁港依照設港類別可以分成四個等級，根據漁港本身的功能和漁業的需求，設施會有所差異。最好的遠洋第一類漁港，如高雄前鎮漁港、宜蘭南方澳漁港等，漁船停泊、避風、裝卸漁獲、漁船物資補給、修護及水產品加工、冷藏、買賣等設施齊全；而有的離島或偏遠的簡易漁港，可能只有停泊碼頭，連加冰、加水、加油的基本功能都沒有，捕捉回來的漁獲都需要送到附近大的漁港拍賣，例如澎湖是台灣漁港密度最高的地方，但各地小漁港的漁獲都集中在馬公漁港的拍賣市場。

漁港設施示意圖

修船廠　水廠　加油區　油　水廠　南方澳第二漁港　南方澳第三漁港　魚市場　南方澳第一漁港

漁港分類表			
漁港類別	第一類漁港	第二類漁港	第三類漁港	第四類漁港
使用範圍	全省	區域性	地方性	離島或偏僻地區
泊地面積	20萬平方公尺以上	10萬平方公尺以上	1萬平方公尺以上	
泊船數量	100噸及300艘以上	50噸200艘以上	10 噸及50艘以上	
陸上設施	漁市場 起卸碼頭 加水 加油 漁貨加工 冷凍 船機修理 保養設備齊全	漁市場 起卸碼頭 加水 加油 漁貨加工 冷凍 船機修理 保養設備齊全	漁市場 起卸碼頭 加水 加油 小規模船機修護設施	停泊碼頭 加水 加油
停泊	無論颱風或季風均可供漁船避風停泊	無論颱風或季風均可供漁船避風停泊	無論颱風或季風均可供漁船避風停泊	一般的停泊避風
舉例	基隆市八斗子漁港、高雄市前鎮漁港、宜蘭縣南方澳漁港、澎湖縣馬公漁港等……	高雄市中洲漁港、蚵仔寮漁港等……	桃園永安漁港、嘉義東石漁港、雲林縣台西漁港、台南市北門漁港、台東縣成功漁港、澎湖縣龍門漁港等……	新北市淡水第一漁港、苗栗縣白沙屯漁港、澎湖縣七美漁港、吉貝漁港等……

▌宜蘭南方澳第三漁港。

漁業

▌日治時期蘇澳漁港。

▌宜蘭南方澳漁港。

漁業的作業程序

漁業的作業程序，主要分成漁船的出海與回港二部分，並依據出海的航行天數而有所不同。

▌基隆漁港碼頭。

❶ 出海及事前預備

以沿海與近海的漁撈為例，出海前，漁民通常會收聽「漁業廣播電台」，預先掌握天候概況決定出海時機與準備的用品。出海前漁民要準備在船上的生活用品、糧食，漁船要先加冰、加油、加水，然後才出海捕魚。

❷ 捕魚

❸ 回港時間

一般沿岸捕撈的漁船在下午出海捕魚，凌晨回到港口；近海的漁船則出海3至5天，甚至數十天不等，海上行船的時間受潮汐、天候、漁獲的影響而有所不同。

▌漁船。

▌從船上卸下漁獲。

漁獲搬送到漁市。

❹ 返港拍賣

漁船返港回碼頭後，一般會直接到漁會拍賣區卸漁貨，等待漁市的拍賣時間。各個漁港的拍賣時間並不相同，通常在下午進行。漁獲經過挑選分級後過磅，成堆成簍地排在漁市拍賣場等候拍賣。拍賣時，經過登記的魚販會前來選魚採購，造成熱鬧的漁市拍賣場景。

漁市拍賣。

❺ 魚類加工作業

❻ 觀光漁市

觀光漁市是目前許多漁港的營運重心，除了新鮮的魚貨拍賣，也透過新鮮漁獲及現場烹煮，吸引遊客的青睞，使漁港的經營更加多元化，提高漁民的收益。

觀光漁市。

漁業

漁船與漁筏

漁業的出海基本工具就是漁船與漁筏，在台灣近海漁業使用漁筏非常普遍，但是遠洋漁業就非得靠漁船才能完成作業。

遠洋漁船的樣貌

一艘遠洋船，有許多的儀器和人員，航行天數多達數月之久，我們從一艘180噸的遠洋單拖網漁船，來看看遠洋漁船的樣貌。這艘船有船長1人、輪機長1人、大副1人、船員大約5人，一年出海3次，每次出海時間依照漁獲的狀況從2個月到4個月不等，每次回航補給維修，大約有10天的休息時間，一年作業的時間可能長達330天。由於跑船的工作時間長、工作苦悶、薪水不高，所以目前台灣一般遠洋漁船除了船長和輪機長外，大副以下都是僱用外籍漁工或是大陸籍船員。

船員的睡鋪
遠洋漁船上空間狹小，船員的睡鋪，像是櫃子中未放抽屜的一個空格，大小剛好只能塞進一個人，空間狹小得似乎連翻身都很難。

訊號燈

漁網

操舵室　神龕

冷凍魚艙

▌ 遠洋漁船。

漁筏

早期，台灣竹筏分為河川竹筏及海洋竹筏兩種。河川竹筏體型較小，竹竿支數少，一般以竹篙撐筏於水淺的河川湖泊中。海洋竹筏的竹子經過加工處理，竹筏的前後向上翹，以搖櫓的方式航行於海面上。民國42年，竹筏雖然開始裝設動力引擎，但受限竹材大小及長度，承載量有限，竹筏漁業一直難以突破。民國50年代末，台灣竹筏逐漸為塑膠管筏所取代，改稱漁筏，小型漁筏用在淺海牡蠣、箱網養殖、定置網等沿岸漁業。大型漁筏也用在台灣沿近海捕釣。

無動力竹筏

無動力竹筏是用4、5支手臂粗的竹子，經過裁剪、刮膜、塗料後編成的小型舟筏。

無動力膠筏

無動力膠筏是以10至12支塑膠管經過彎管、加封、上板、裝機等工序做成規格整齊的小型舟筏。

有動力膠筏

在以塑膠管製做完成的膠筏尾部置船外機，就成為有動力膠筏。

船長室

廚房

機艙

船狗

船狗是船員們漫長的航海旅程中生活的調劑，也是應付危險的幫手。在靠岸的日子裡，船狗仍然會忠心的守候著船隻。

漁業

先進的台灣養殖漁業

養殖漁業是利用海洋、河川、魚塭、水庫及池塘等水域放養水產生物的經濟活動，台灣養殖漁業的歷史至今超過300年，在吳郭魚、虱目魚、鰻魚、牡蠣、草蝦等養殖技術上都有先進。

▋箱網養殖。

台灣的養殖業起源於荷治時期

十六世紀時荷蘭人佔領台灣，許多閩粵移民來到台灣，帶來了大陸的養殖生產經驗，在台灣沿海地帶從事養殖生產。當時荷蘭人也從印尼引進虱目魚養殖，使虱目魚養殖成為台南重要的養殖產業。

明清時代台灣曾徵收塭稅

根據文獻記載，從明鄭開始台灣已經徵收塭稅，尤其是從嘉義到鳳山的南部地區養殖業發達，對塭稅有較大的貢獻。清朝道光以後，嘉義縣及安平縣的墾戶如果要將海埔地開墾為魚塭或鹽埕，必須向兵備道繳納海埔租。

日治期間養殖漁業

日治時期，台灣的魚塭以台南地區養殖的草魚及虱目魚最為興盛。當時台灣的養殖漁業生產值約佔台灣總漁獲量的40%，養殖漁業的重要性不下於海洋捕撈。

民國50年代養殖漁業起飛

民國50年代，台灣養殖漁業在魚介貝類繁養殖技術有許多革命性突破，水產試驗所台南分所，首先成功以人工受精孵化繁殖草、鰱魚，突破了百年來草、鰱魚苗必須從大陸進口的難題。後來，水產試驗所鹿港分所輔導業者採鰻線養成鰻苗，大幅降低養鰻成本，使得台灣鰻魚大量外銷日本，成為60年代水產外銷產值的榜首。其後，陸續完成草蝦、鯛魚、石斑、鱸魚、虱目魚等人工繁殖技術，台灣的魚苗不僅可以充分供應國內市場，而且大量外銷至東南亞國家，甚至連養殖經驗成果分享，都對大陸及東南亞貢獻很大。

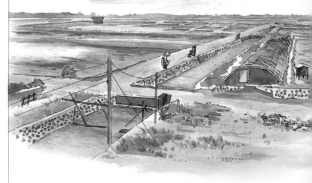

▋鹹水魚塭養殖。

▋淺海養殖。

台灣養殖漁業的型態

根據民國98年的統計，台灣養殖漁業的產量佔漁業總生產的26%，產值佔漁業總生產的35%。台灣養殖魚業的型態分成海面養殖及內陸養殖兩大類，海面養殖主要有淺海養殖、箱網養殖；內陸養殖則有鹹水魚塭養殖、淡水魚塭養殖及以灌溉用水利設施養殖等幾種型態。其中以鹹水魚塭養殖、淡水魚塭養殖的產量最多。

❶海面養殖： 在高潮線外從事水產動植物之養育或蓄養。

①淺海養殖：利用潮間帶及低潮線以外之淺海區域，以養殖水產生物。

②箱網養殖：在乾潮線至外海處，使用箱網以養殖水產生物。

❷內陸養殖： 在高潮線內從事水產動、植物之養育或蓄養。

①鹹水魚塭養殖：在沿海地區高潮線內築堤引灌海水，以各種鹽度之鹹水養殖水產生物。

②淡水魚塭養殖：利用土地圍築堤岸，使其經常蓄集淡水達一定深度，供集約方式養殖，但不包括粗放式養殖水產生物之湖沼、水庫。

③以灌溉用水利設施養殖：以灌溉用的水池、陴塘、湖泊、水庫等養殖水產生物。

▌淡水魚塭養殖。

台灣養殖漁業的現況

依民國98年統計，全台灣鹹水魚塭約2萬餘公頃，淡水魚塭約1萬9千多公頃，主要養殖種類為吳郭魚、虱目魚、鰻魚、鱸魚、鱠魚、斑節蝦、長腳大蝦及烏魚等。海面養殖面積約有1萬4千公頃，以牡蠣、九孔、文蛤、海鱺為主。海上箱網養殖養殖面積約37萬立方公尺，以牡蠣、九孔、鱠魚、海鱺為主。

漁業

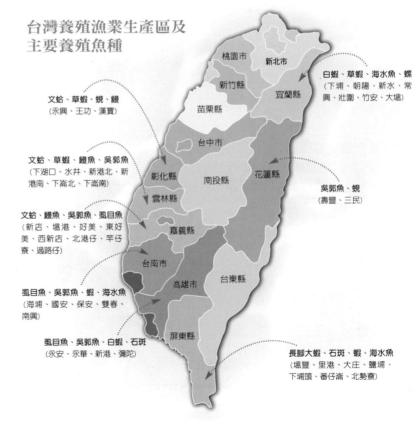

台灣養殖漁業生產區及主要養殖魚種

文蛤、草蝦、蜆、鰻
（永興、王功、漢寶）

文蛤、草蝦、鰻魚、吳郭魚
（下湖口、水井、新港北、新港南、下崙北、下崙南）

文蛤、鰻魚、吳郭魚、虱目魚
（新店、塭港、好美、東好美、西新店、北港仔、竿仔寮、過路仔）

虱目魚、吳郭魚、蝦、海水魚
（海埔、國安、保安、雙春、南興）

虱目魚、吳郭魚、白蝦、石斑
（永安、永華、新港、彌陀）

白蝦、草蝦、海水魚、螺
（下埔、朝陽、新水、常興、壯圍、竹安、大塭）

吳郭魚、蜆
（壽豐、三民）

長腳大蝦、石斑、蝦、海水魚
（塭豐、里港、大庄、鹽埔、下埔頭、番仔崙、北勢寮）

桃園市　新北市
新竹縣　宜蘭縣
苗栗縣
台中市
彰化縣　南投縣　花蓮縣
雲林縣
嘉義縣
台南市　台東縣
高雄市
屏東縣

引導漢人來台的烏魚

烏魚又稱為信魚，每年的冬至前後，都會向南游至台灣西部沿岸，然後在台灣南端海域產卵後洄游北上。從烏魚生態習性及古籍的記載，明代以前大陸漢人就已經到澎湖、台灣海域捕魚，發現了烏魚每年到台灣西部沿岸產卵的習性，於是有漁民每年冬天到台灣捕烏魚、取烏魚子，後來逐步定居下來，形成了村落市集，所以說是烏魚引導漢人開始移民台灣的。

▌烏魚。

明鄭時代限量捕魚的烏魚旗

在明鄭時代，漁船要繳納漁稅，領取烏魚旗，才能捕烏魚。清朝在台灣延襲了這個制度，縣府用白布刊刷烏魚旗字樣，在旗上填寫漁戶姓名，蓋上官印，給繳稅的漁戶插在船頭，就可以帶網採捕。當時鳳山縣納稅領捕烏旗的魚戶總量限制在94支烏魚旗，對烏魚的價格及漁業資源都有很好的照顧。

烏魚的捕捉技術

台灣早期中、南部漁民常用網、罟、縺、箔、滬等漁法捕捉烏魚。日治時代，漁民主要以綾圍捕捉烏魚。部分漁民先巡海視察烏魚動態，發現烏魚群後，立刻呼招其他漁筏出海，先用綾網圍堵，筏上漁民會敲打聲音，把烏魚驅入綾網撈起。民國40年代，台灣的捕烏船筏曾高達4千艘以上，曾使用過搖鐘網等多種工具捕撈烏魚，經過時間淘汰，巾著網成為最主要的捕烏漁具。

烏魚子的加工步驟

❶ 挑選雌魚採卵巢

首先要挑選肥滿度良好的雌魚，進行採卵。採卵時，先將雌魚腹鰭掀起，以取卵刀在腹鰭下方橫切一個切口，然後將取卵刀淺淺插入魚腹切口，反轉刀面，劃開魚腹將卵巢取出。再用棉線將卵巢前後兩端綁緊，避免卵粒溢出。

❷ 水洗去血絲

由於卵巢表面附著許多微血管，必須先用清水或3%食鹽水，將表面的血漬清洗乾淨，再將卵巢表面微血管的血液，順著血管方向壓出。

在曝曬中的烏魚子。

台灣養殖烏魚的發展

日治時期，台灣有少量的烏魚養殖。到民國56年，台灣建立了烏魚的人工繁殖技術，民國65年更完成完全養殖技術。促使台灣現在的烏魚養殖無論在烏魚子品質及烏魚的數量上都不輸於捕撈。

烏魚養殖法

烏魚的單種養殖工作包括魚池整理、清池、消毒、曝曬，在施放魚苗前會先培養底藻為飼料，等到魚苗長大到5、6吋左右，開始改投放粒狀飼料，放養1年後要更換養殖池，同時淘汰體形小的雄魚，放養2年後烏魚成長到1.5公斤以上時，在冬季雌烏卵巢成熟時收捕，送至市場取卵販賣。

漁
業

❹ 重壓整形現雛形

脫鹽後再次將烏魚子滴乾，平鋪於乾燥無味的木板上，木板上要先平鋪白紗布，再將鋪滿烏魚子的木板層層疊起，以重力進行重壓整形。重壓整形的時間約為一天。

❺ 日曬乾燥

重壓整形後，將烏魚子表層沾污物清理乾淨，進行日曬乾燥。日光照射不宜過強，最佳時間為每日早晚的3個小時。每天日曬結束後，將烏魚子收入室內，繼續進行重壓整形的步驟，並在最上層木板放置石塊或磚塊，加重壓製力道。重複進行3到5日，就完成了烏魚子加工製作。

❸ 脫水醃製保鮮

先將卵巢表面水分滴乾，在卵巢表面撒上適量的鹽巴。撒上鹽巴後將卵巢平鋪，進行醃製與初步整形。約數小時後，再將卵巢浸入清水中，輕搓脫鹽。

烏魚子加工製造的過程

要經過選擇雌魚→採取卵巢→清洗→去血→鹽漬→脫鹽→整形→乾燥→成品等過程。

南台灣的家魚—虱目魚

台灣虱目魚養殖以安平地區開發最早，是台灣養殖漁業中養殖面積最廣、產量最高的魚種，是南台灣重要的漁村產業。近年來養殖技術不斷地改進，虱目魚的單位生產量已逐漸提高，使得原本高價位的虱目魚逐漸成為市場上的平價魚種。

養殖虱目魚最重要的是魚苗來源

台灣每年約需要虱目魚苗2億尾，早期魚苗全部要靠天然採捕或進口，育苗供應價格及數量都不穩定，因此生產量與魚價都會經常變動。自從人工繁殖虱目魚苗成功後，台灣魚苗來源的問題才獲得解決。

虱目魚

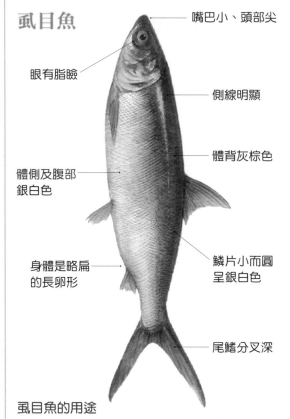

嘴巴小、頭部尖

眼有脂瞼

側線明顯

體背灰棕色

體側及腹部銀白色

鱗片小而圓呈銀白色

身體是略扁的長卵形

尾鰭分叉深

虱目魚的用途

虱目魚從頭到尾全身都可以食用，鮮美的虱目魚頭湯、肥厚的虱目魚肚、都是虱目魚料理的經典食譜，虱目魚丸也是台灣知名的美味小吃。

天然採捕虱目魚苗

台灣東部及南部沿海地區，每年4至6月為天然虱目魚苗盛產期。漁期中，漁民會以手叉網、小型曳網、定置網及手抄網等等工具捕捉魚苗。近年因為水污染及工資高因素，天然苗產量已大為減少。

人工繁殖虱目魚苗

民國68年，水產試驗所屏東新力養殖場利用養成種魚，注射人類絨毛膜生殖腺刺激素(H.C.G.)催熟繁殖成功虱目魚苗，解決了台灣魚苗來源的問題。以人工繁殖出魚苗，目前甚至不需要打針催熟，種魚就可以在魚池中交配產卵。台灣每年人工繁殖生產的魚苗在1億尾以上，已成為台灣虱目魚苗最主要的來源，甚至可以外銷。

虱目魚（農委會水產陳列館）。

完全養殖技術領先全球

完全養殖是指從種魚培育、產卵受精、孵化育苗到養成上市等都可由人工養殖技術完成。台灣是目前全球唯一可以達到虱目魚完全養殖的地區。

淺坪式虱目魚塭養殖法

台灣的虱目魚養殖方法以淺坪式及深水式養殖為主。淺坪式虱目魚塭養殖法是傳統式的養殖方法，養殖戶在魚塭池底培育天然海藻做為虱目魚主食，再加上米糠、花生粕、麵粉等補充飼料養殖。虱目魚不耐低溫，水溫8℃以下則會死亡。所以每年11月到次年3月是準備期，依序做曬坪、整池、施肥、殺蟲害、注水培養藻床等工作。4月至10月則為飼養期，盛產季節集中在夏天7、8月份。淺坪式魚塭水深僅有15至40公分，保溫不易，冬季寒流來時，常造成虱目魚大量死亡。

▌收成中的虱目魚。

漁
業

深水式虱目魚塭養殖法

深水式虱目魚塭養殖法是在深水2公尺以上的魚塭中，不使用藻類而是投放人工餌料養殖，養殖池中會裝置投餌機、水車或打氣機等，放養密度依水深增加，單位面積生產量可達淺坪式2至5倍。深水式虱目魚塭淡水及鹹水都可以養殖。

傳說中的虱目魚

虱目魚名稱起源眾說紛紜，《台灣通史》記載：「台南沿海素以畜魚為業，其魚為麻薩末，番語也。」後來考證認為「麻薩末」是荷蘭語Sa ba he之發音。另一種說法是當年鄭成功登陸鹿耳門時，漁民群集夾道相迎，並將虱目魚獻給鄭成功，鄭成功問漁民這是「什麼魚」，漁民以為鄭成功要賜名為「什麼魚」，轉來轉去就變成為虱目魚。

品種繁多的養蝦產業

民國60年代開始，政府積極推動養蝦技術的研究開發，帶動了雲林、屏東、台南等地區草蝦養殖的蓬勃發展。目前台灣養蝦種類很多，主要有草蝦、斑節蝦、白蝦及淡水長腳蝦等。

草蝦養殖

草蝦又名草對蝦，是台灣地區養殖最早、最普遍的蝦類，早期多半與虱目魚、烏魚、文蛤等其他魚貝類混養，民國62年起開始出現單養，民國66年人工飼料開發成功後，草蝦養殖逐漸邁入企業化。草蝦由卵、幼蟲、幼蝦以至成蝦上市的成長，約需4、5個月，性喜高溫，成長迅速，成蝦體型較大，主要以活蝦銷售，近年來，養殖的草蝦容易受到病毒的感染，活存率不高，草蝦養殖產業逐漸衰退。

斑節蝦

斑節蝦又名日本對蝦，是民國67年大永公司租用澎湖區漁會廢養的60公頃青螺魚塭開始。養殖後因成本過高經營不善以致放棄。

斑節蝦不耐高溫，對環境的要求及飼料的營養都比較高，故台灣斑節蝦養殖一直以冬季為主，年產值約10億元。

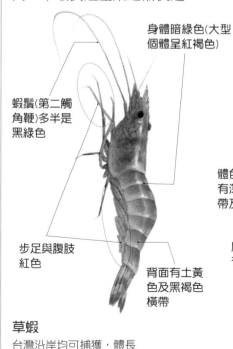

身體暗綠色(大型個體呈紅褐色)

蝦鬚(第二觸角鞭)多半是黑綠色

步足與腹肢紅色

背面有土黃色及黑褐色橫帶

草蝦
台灣沿岸均可捕獲，體長約10到15公分。

體色黃，覆有深褐色橫帶及斜紋

尾肢末端帶有黃、藍色

尾柄側緣有三對可動刺

斑節蝦
台灣沿岸均有產，體長約7到10公分。

蝦鬚粉紅色

全身潔白透明

尾端外緣有帶狀紅色

白蝦
體長最大可達30公分，一般常見約13公分左右。原產於中南美洲太平洋沿岸，適應力強，可在純淡水中生存。

斑節蝦。

白蝦

南美白對蝦，又稱美洲白蝦或白蝦，是目前養殖面積最大、產量最高的，年產值達約16億元，僅次於淡水長臂大蝦。

產值最高的泰國蝦

泰國蝦原名為淡水長臂大蝦，原產泰國、馬來西亞等熱帶地方，最大時可以重1達1.5公斤。成蝦在淡水及半淡鹹水區域均可生長，但是幼蝦必須於半淡鹹水中才能存活。淡水長臂大蝦最適合生長水溫是25到30℃，若水溫高於33℃或低於18℃則會停止攝食，在水溫8℃以下時則會凍死。

養殖淡水長臂大蝦水質必須乾淨，水池的水顏色正常是綠色，淡水長臂大蝦具攻擊性，因此養殖密度不可太高，也不要與其他魚蝦混養。淡水長臂大蝦產量是台灣目前產值最大的養殖蝦，年產值約25億元。

漁業

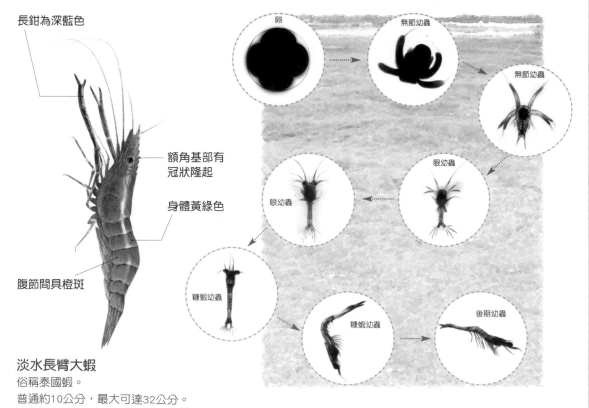

蝦子的成長

長鉗為深藍色

額角基部有冠狀隆起

身體黃綠色

腹節間具橙斑

卵　無節幼蟲　無節幼蟲　眼幼蟲　眼幼蟲　糠蝦幼蟲　糠蝦幼蟲　後期幼蟲

淡水長臂大蝦
俗稱泰國蝦。
普通約10公分，最大可達32公分。

蚵、蛤、九孔

牡蠣是世界性水產佳餚，也是最古老的養殖經濟海產品。在中國大陸沿海發現的新石器時代貝塚中都有牡蠣遺跡。中國養殖牡蠣的歷史很早，在北宋梅堯臣的〈食蚝詩〉裡就有漁民在海中以竹子採附牡蠣苗養殖的紀錄。

深水養蚵是目前主要方式

民國60年代起，台灣開始推廣深水式牡蠣養殖，深水養蚵是選擇風浪較小、水深6公尺以上的海區，以錨泊固定養蚵的浮筒或浮架。在浮筒與浮筒之間以繩索相連出延繩，或是以保麗龍填充的竹管、塑膠管紮結成的竹架，把蚵串掛在上面，以浮筒使蚵串不致沈底，養殖的數量可以很多，牡蠣生長十分快速。

台灣早期的養蚵業

牡蠣是早期台灣重要的養殖種類，早在荷據時期《熱蘭遮城日記》中就有記載，而鄭成功治台以後所徵收漁稅中的「蠔」即是牡蠣。根據日治時代的資料，300多年以前，插竹養蚵已經由中國大陸傳至鹿港。200多年前泉州晉江移民已經在東石港使用牡蠣殼散布在海坪著苗繁殖養蚵。日治時代台灣養蚵區域，以嘉義地區的潮間帶、河川出口附近及台南地區海水魚塭為主，插篊式養殖是當時台灣最主要的養蚵方式。

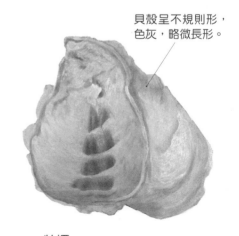

貝殼呈不規則形，色灰，略微長形。

牡蠣
盛產於台灣西南海岸。

產於礁岩海岸的九孔

九孔主要產在台灣東海岸、花東、澎湖等臨海礁岩地區。

目前台灣九孔養殖以陸地池養為主。養殖池有淺水式及深水式兩種，淺水式外堤高60公分，內池堤高30公分，管理容易但養殖生產量較低。深水式養殖池水深2公尺以上，以九孔養殖籃互相堆疊池內，形成多層立體式養殖，其產量可提高5、6倍。有的養殖場還在池上方裝設電動機械懸吊車，可將整組養殖箱吊起沖洗，投餌簡單，省時省力，是目前先進的養殖方法。

▌香山潮間養蚵田。

文蛤養殖

文蛤養殖可分為種苗的養成與食用貝養殖兩大類，過去種苗來源取自於西岸河口沙洲的天然苗，民國72年文蛤人工繁殖成功後，開始有大量商業生產的人工苗。

食用貝養殖場分為魚塭與海灘養殖兩種，海灘養殖一般選擇潮間帶合適之處，不需投餌自然生長，為防止文蛤流失及作為養殖場的區隔，常在養殖場插竹設網。近年來，因為河川污染嚴重，文蛤養殖轉向魚塭養殖，以培養的藻類為飼料，並走向機械化，自動化。

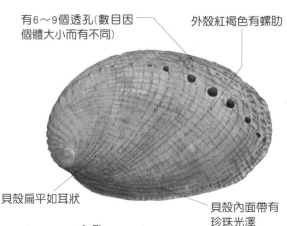

▌蚵田採收。

貝殼略呈三角形

貝殼色澤黃褐，個體之間略有不同。

文蛤
又名粉蟯、蚶仔。全年有產，盛產期為每年四到九月。

有6～9個透孔(數目因個體大小而有不同)

外殼紅褐色有螺肋

貝殼扁平如耳狀

貝殼內面帶有珍珠光澤

九孔
盛產於台灣東海岸，內殼有珍珠光澤，可做工藝品的材料。

日治時期發展起來的鮪漁業

日本大正2 年(1913)，台灣總督府在北部海域進行鮪釣試驗，證明台灣有鮪釣發展的潛力，開始了台灣早期小型發動機船為主的近海鮪釣漁業。日治後期的昭和7年（1932）前高雄地區的鮪釣漁船甚至已航行至菲律賓、新加坡、印尼甚至新幾內亞海域作業。一直到第二次世界大戰末期，因受戰爭的影響，台灣的遠洋鮪釣才大幅衰退。

鰹鮪圍網的步驟

鰹鮪圍網漁業的捕撈魚種，包括鰹魚、黃鰭鮪以及大目鮪，因為這種漁法是由美國傳入，所以也稱為美式圍網。鰹鮪圍網船一般是船團作業，作業時包括一艘作業艇，二艘工作艇，有些船團還會多配備1至2艘快艇或直升機。

3 網船內漁撈長依據魚群及水流資訊，判斷操船及投網方法。開始作業時，網船由尾滑道投下作業艇，作業艇持網之一端，開始投網。

4 作業艇及網船開始包圍魚群。

5 作業艇將網端索交給網船。

大型圍網海上作業圖

▌大目鮪。

2 全速接近目標區，確認適合作業條件後，
就放下工作艇駛近流木，並在流木上裝設
旗幟或無線電。投網前，工作艇會垂下水
中燈，隨時告知網船魚群動態（也可以用
直昇機協助搜索及包圍魚群）。

光復後興起的遠洋鮪魚漁船

民國47年，中國漁業公司的鮪釣船獲准利
用新加坡做基地從事遠洋作業的補給，開
啟了台灣海外漁業基地的先河。發展到了
現在，台灣鮪魚漁船已遍布太平洋、大西
洋與印度洋三大洋，鮪釣及圍網漁船與世
界30多個國家或地區進行漁業合作，參加
之漁船達1千多艘。目前台灣的鮪漁業漁法
以延繩釣、鰹鮪圍網為主。

1 從瞭望台觀察海面上
的漂流物或鳥群、人
工流木等流向。

漁
業

7 作業艇以大型抄網抄取漁獲，把
抄取的漁獲放入魚艙冷凍保存。

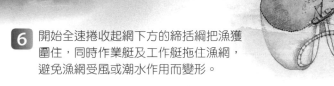

6 開始全速捲收起網下方的締括綱把漁獲
圍住，同時作業艇及工作艇拖住漁網，
避免漁網受風或潮水作用而變形。

魷魚與頭足類海產

魷魚為海洋軟體動物，與鎖管、烏賊、章魚等海中水族相同，都屬於頭足類，頭足類的身體分成頭、胴體及足三部分，足部一般演變為多隻圍在頭部的腕，所以稱之為頭足類。頭足類是台灣人喜歡的高經濟價值海產。

▌集魚燈。

早期台灣魷魚消費以進口為主

早期台灣的魷魚消費以進口為主，光復初期，魷魚與墨魚的進口值曾經達進口水產品總值之73%。到了民國60年代初期，農復會積極推動魷魚漁業的開發，把鮪釣漁船榮忠號改裝魷釣設備後，前往日本海域試驗作業成功，帶動了我國遠洋魷釣漁業的起飛。

▌遠洋魷釣船模型（農委會水產陳列館）。

遠洋魷釣漁業以南大西洋漁場為主

台灣遠洋魷釣漁業從民國60年代初期開始萌芽，後來業者不斷改裝及建造新魷釣漁船投入遠洋魷釣漁業。全盛時期台灣的遠洋魷釣漁船曾經達到268艘，最大年產量將近30萬公噸，主要的漁區在南大西洋阿根廷、福克蘭群島附近的漁場。

傘錨和三角帆

魷釣漁船船首有傘錨，船尾有三角帆，用以減少船隻左右搖擺及前後顛簸，並減少纏線機會，避免漂離魚群。

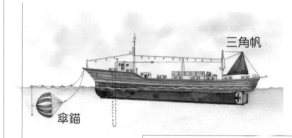

三角帆

傘錨

魷釣漁船的漁法

❶ 決定漁場
漁船到達漁場，依據同一漁場作業漁船及海裡漁群的資訊，決定作業的位置。

❷ 探魚
到了設定的作業位置，先以魚探機搜尋魚群，找到魚群後，就停船、開始投出傘錨、張掛船尾三角帆，並跟蹤漁群，準備傍晚的釣魚作業。

❸ 集魚
傍晚時打開集魚燈，利用魷魚的趨光性誘使漁群上浮，並觀察漁群聚集的狀況。

菱鰭魷（農委會水產陳列館）。

❹ 下鉤
當有魷魚漁群反應後，便啟動部分自動釣魷機開始試釣，若上鉤情況良好，就開動全部釣魷機全面作業。

❺ 集中處理
釣上來的魷魚經過船外滾筒後，會因離心力自動脫鉤，落在舷外網架上，再進入下方的溝槽，流動集中到魚艙口，由人工分級、裝盤、冷凍。

移送水槽
早期魷釣機釣起漁獲後，便脫鉤直接由網架上落到甲板上，後來為了甲板上的安全和魚獲保鮮，魷釣漁船開始裝設移送水槽。移送水槽傾斜裝設在兩舷舷牆的內側，在船首和船尾灌入強力水流，將漁獲物沖集到後方的魚艙口及冷凍準備室。

集魚燈
魷釣漁船會在甲板上方沿船舷縱向排列裝置許多省能源、高亮度的放電燈，誘使浮游生物和小魚，集結在船底下方水域。

舷外網架、船外滾筒
魷釣漁船在船舷上向外裝置上斜向的舷外網架，在網架上方設置船外滾筒，釣上來的魷魚經過船外滾筒之後，就會脫鉤而掉在網上，再順著舷外網架滑入船內。

自動釣魷機
魷釣漁船上有許多台自動釣魷機，一般每台自動釣魷機有二套釣組。釣魷機上有擬餌鉤，釣魷機會以微電腦控制模仿漁夫抽放的拉線動作，再利用菱型捲線筒，在同速轉動時，釣線會一快一慢變成抽動的動作自動釣魚。

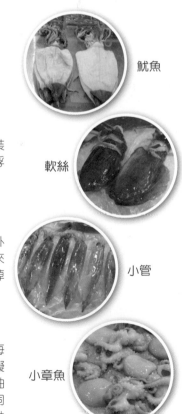

魷魚

軟絲

小管

小章魚

漁業

珊瑚漁業

珊瑚自古就被視為寶物珍藏或是欣賞，台灣珊瑚加工1920年代傳習自日本，民國60至70年代台灣珊瑚技藝已超越日本達到世界一流水準，且有「珊瑚王國」的美譽。近年來由於珊瑚產量大量減少及保育，珊瑚漁業迅速衰退。

▌早期基隆的珊瑚加工。

珊瑚的生態

珊瑚是海洋無脊椎動物，屬於腔腸動物門，產於溫、熱帶深海，珊瑚蟲會共同生活而聚成樹枝狀的群體，人們所見到的珊瑚多半是群聚珊瑚殘留的骨骼。珊瑚成長十分緩慢，生存會受到水溫、水光線、水深、鹽度等不同條件影響，多長在海底岩石與沙底的交界處。

▌珊瑚。

珊瑚的捕撈

採撈珊瑚的漁船每船大約8到12人，攜帶6到8副網具出海作業，漁船駛抵漁場以後，先測定位置並投放浮標定位，再順水流下網。捕撈珊瑚的網具是由馬尼拉索製成的曳綱、重10至20公斤的沉石及鉛絲附纏的網片所組成。曳綱長度為水深1.5倍，以沉石帶動使網片完全沉達海底。下網後經過30至60分鐘後，就可以以人力或機械引曳漁網採收珊瑚。

▌珊瑚的捕撈作業。

走入歷史的捕鯨業

鯨魚，台灣人古稱為海翁魚。台灣冬季常有鯨魚隨暖流抵達台灣南部海域及巴士海峽，日本大正9年（1920），台灣總督府委託東洋捕鯨株式會社，在台灣南部沿海進行捕鯨試驗，並購買2艘挪威捕鯨船，以船隊使用挪威式捕鯨砲捕鯨，曾經有不錯的成績。但是二次大戰時，受戰爭影響，台灣的捕鯨魚一度停頓。

日治時代的捕鯨業。

光復後的捕鯨業

台灣光復之後，初期捕鯨業沒有特別發展，直到民國65年，銘泰水產公司自日本引進「海雁號」捕鯨船後，才開始台灣捕鯨事業的新局面，最多是台灣有四艘捕鯨船在全球作業。後來因為美國以環保理由對台灣的捕鯨業施加壓力，經濟部乃於民國70年公告禁止捕鯨，並註銷所有捕鯨執照。台灣捕鯨事業自此走入歷史。

長鬚鯨。

抹香鯨。

大翅鯨（座頭鯨）。

賞鯨的新眼光

民國79年台灣將鯨豚列為保育動物。民國85年黑潮海洋基金會的前身「台灣尋鯨小組」，開始在花蓮海域從事「鯨豚生態海上調查」，記錄到飛旋海豚、花紋海豚、熱帶斑海豚、弗氏海豚、離岸型瓶鼻海豚、小虎鯨、瓜頭鯨、偽虎鯨、短肢領航鯨、虎鯨、侏儒抹香鯨、抹香鯨、大翅鯨及多種喙鯨等在台灣附近海域活動。民國86年開始，台灣東部的賞鯨船開航，為台灣搭起一座親近海洋、認識鯨豚的橋樑。賞鯨活動啟示我們對於海洋資源的新眼光。

認識鯨豚的賞鯨活動。

漁業

柴魚

柴魚是有日本人引進台灣的美味海產乾貨，無論是在涼拌豆腐、味噌海鮮湯裡都是無可替代的食材，柴魚主要的原料是鰹魚，需要繁複的加工手續才能做出美味的柴魚。

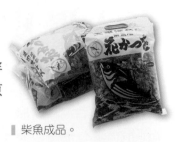

▋柴魚成品。

台灣柴魚加工的產地

在日治時代，台灣的澎湖、花蓮與台東都有許多柴魚加工廠，但隨著經濟環境的變遷，在台灣已經很少有柴魚加工廠，台東太麻里的三和村及花蓮七星潭柴魚博物館是少數還能見到柴魚加工廠的地方。

▋台東定置網捕撈鰹魚。

柴魚加工的步驟

新鮮漁獲

陳放在烤籃上，放入電烤箱先
烤一次，防止腐敗。

從電烤箱取出，去頭、尾、大骨。

魚皮朝上，陳放在烤籃上，
放入木柴烤箱。

以龍眼樹當柴火燒烤。

翻面，魚皮朝上，續烤。

反覆翻面，續烤。

烤乾後，刨成木屑狀。

水產陳列館

位於基隆市的水產陳列館屬於行政院農業委員會水產試驗所，是幫助社會大眾對海洋生態環境有更深認識的一所陳列館。

展示區域包括水族展示館、海洋漁業及水產加工、水產生物、水產養殖、漁業文化及水產試驗所所史館等，在水產陳列館可以一次了解台灣的水產養殖、遠洋、近海漁業及水產加工業的發展概況。

還可以觀看許多海洋生物、魚類標本及化石；也有機會參觀水產試驗所與各種漁業活動的珍貴歷史照片。

鞍帶石斑。

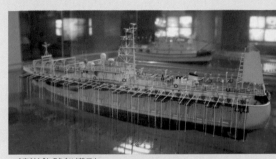

遠洋釣魷船模型。

各類漁具展示。

水產加工品展示。

魚類標本。

大洋洄游魚類標本。

我國首度自行設計建造的大型漁業試驗船水試一號。

水產試驗所大樓。

漁
業

礦業

菁桐坑選洗煤場，2001年獲選文建會台灣歷史建築百景。

礦產的分類

礦產是在地表或地層下自然形成的礦物或岩石，可以作為人類生活所需的各種材料或物資。礦產形成的原因很多，如岩石的風化、地殼板塊擠壓、岩漿凝固等等。礦產是經過大自然數百萬年以上錘鍊累積的結果。

礦物

礦物一般是自然生成的固體物質，但也有像汞和石油這類的液體礦物。礦物通常是兩個以上的元素所組成的化合物，但也有如自然金、硫磺這種單一元素所形成的。礦物是由無機作用所形成的，由生物作用形成類似礦物的物質，如珍珠、貝殼及人體結石等都不算礦物。礦物有一定的化學成分和物理性質，組成礦物的原子或離子具有一定排列的結晶構造。

露天開採圖。

地球內部構造

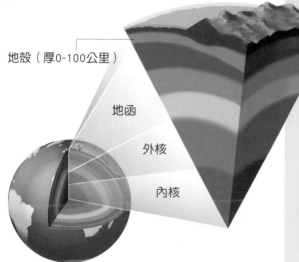

地殼（厚0~100公里）

地函

外核

內核

地殼八大元素與微量元素

礦床的形成與地殼中元素的分布有直接關係。地殼有九成以上是由氧、矽、鋁、鐵、鈣、鈉、鉀、鎂等元素組成，這就是組成地殼的八大元素，但其他如銅、錳、鋅、鎳、鉛、鈾等許多具有經濟價值的微量元素，在地殼含量中卻少之又少。例如銅占地殼岩石元素中的平均含量僅有0.005%，鉛只佔0.0013%，核能發電的鈾更僅佔0.0002%，這些稀少的微量元素需要經過開採、選礦及冶煉的過程才能將人類所需的元素或礦物成分提煉出來。

礦產資源的分類

礦產資源的分類根據礦物的成分與用途可分金屬礦產、非金屬礦產以及能源礦產三大類。金屬礦產包括金、銀、銅、鐵、鋅、鎳以及水銀等,主要用在製造機器、建築結構、電器、合金、醫療及飾品等用途。非金屬礦產有岩鹽、石膏、鑽石、石灰石、大理石、石棉、砂石等,主要用途為工業生產、農業肥料、建築、冶金、寶石、民生用品等。能源礦產包括煤、石油、天然氣及溫泉等,以能源為最主要用途。

模擬礦坑。

三大類岩石中常見的礦石礦物

	岩類		
	火成岩	沈積岩	變質岩
主要礦石礦物	自然金	自然金	
	磁鐵礦	磁鐵礦	
	黃銅礦		黃銅礦
		軟錳礦	
	黃鐵礦	黃鐵礦	黃鐵礦
	瀝青鈾礦	瀝青鈾礦	
		石膏	
		岩鹽	
	硫磺		
	雲母		雲母
		方解石	方解石
			石棉
			石墨
	金剛石	金剛石	

礦業

形成礦床的地質作用

形成礦床的地質作用主要有火成作用、變質作用、沈積蒸發作用、風化殘留作用及其他作用。

礦床與成礦作用

經過大自然數百萬年以上錘鍊累積的礦產，使得某些礦物能豐富集中在一起，產生經濟開採價值的時候，就形成礦床。礦床是由一種或多種礦物富集而成的。在礦物的集中過程中所發生的物理或化學作用，稱之為成礦作用。根據板塊構造學說，地球上板塊的界線是各種地質作用最複雜的地區，在板塊的交界處常常是礦床形成的主要地點。

火成作用礦床

火成作用礦床，其成礦作用有岩漿直接富集成礦體的作用與熱液岩漿與周圍岩石的礦物離子交換的換質作用形成的礦體。

火成作用礦床

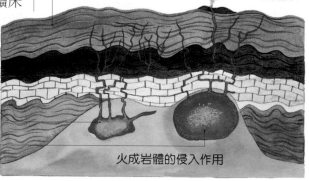

岩漿熱液侵入作用和圍岩發生地殼擠壓變形。

熱液沿地表孔隙噴出形成溫泉。

砂岩或頁岩

石灰岩

岩漿熱液礦床

岩漿熱液礦床
富含礦液的岩漿熱液由地殼深處侵入於岩體的孔隙中，形成熱液礦床，這些礦脈可以直接凝固結晶形成礦體，也可以與圍岩發生換質作用而形成岩漿富集礦床。

火成岩體的侵入作用

變質作用礦床

變質作用礦床有二種，一種是部分火成作用的熱液礦床因為岩漿侵入的時期先後不同，使得原有礦床變質為另一種礦床，如礦脈型的銅礦，經過變質作用後可以形成塊狀的硫化物礦床。另一種區域變質礦床則是因區域變質作用的溫度和壓力，使得原來岩石的岩理組構或礦物成分改變，形成如石棉、石墨、大理石等非金屬礦床。

變質作用礦床

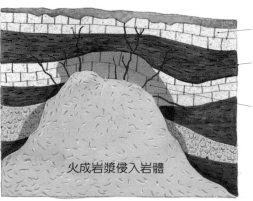

石灰岩

頁岩

火成岩體侵入與圍岩接觸而形成變質礦床

火成岩漿侵入岩體

沈積蒸發作用礦床

沈積蒸發礦床是像石膏、岩鹽這類礦床，成因是湖水或海水富集某些元素或成分，經長期的蒸發作用結晶沈積而成的，所以又稱為蒸發岩礦床。

基隆山是煤炭蘊藏處。

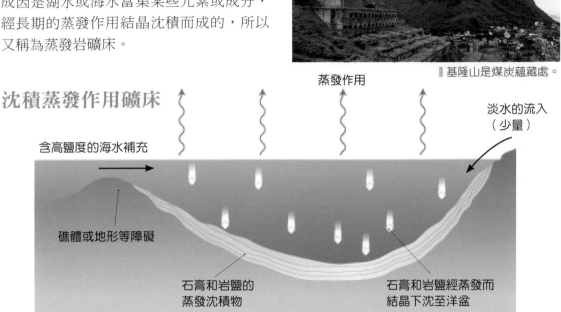

沈積蒸發作用礦床

蒸發作用

淡水的流入（少量）

含高鹽度的海水補充

礁體或地形等障礙

石膏和岩鹽的蒸發沈積物

石膏和岩鹽經蒸發而結晶下沈至洋盆

風化殘留作用礦床

風化作用包括機械風化以及化學風化兩大類。機械風化是如砂金礦一般，富含礦產的岩體被風化、碎解成含礦的顆粒後，被河水沖刷至河床堆積成砂金礦床。

化學風化作用所形成的礦床是因為氣候、雨水等環境因素，把岩體容易溶蝕的成分沖失，而如氧化鋁、氧化鐵等不易被溶解的成分則聚集成礦。

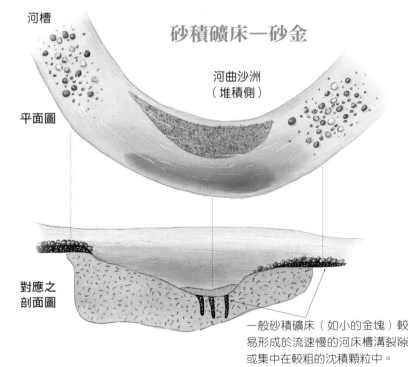

河槽

砂積礦床—砂金

河曲沙洲（堆積側）

平面圖

對應之剖面圖

一般砂積礦床（如小的金塊）較易形成於流速慢的河床槽溝裂隙或集中在較粗的沈積顆粒中。

礦業

世界主要金屬礦產資源分布示意圖

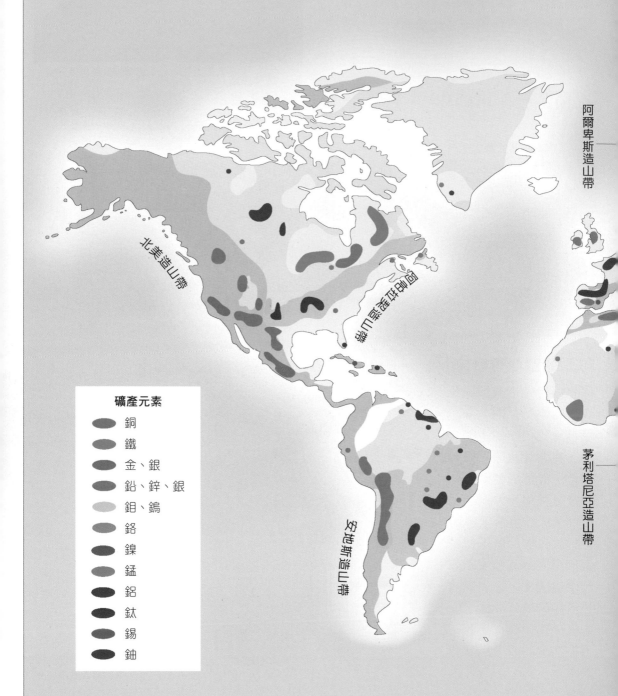

阿爾卑斯造山帶

茅利塔尼亞造山帶

北美造山帶

阿帕拉契造山帶

安地斯造山帶

礦產元素

- 銅
- 鐵
- 金、銀
- 鉛、鋅、銀
- 鉬、鎢
- 鉻
- 鎳
- 錳
- 鋁
- 鈦
- 錫
- 鈾

加里東寧造山帶

烏拉造山帶

喜馬拉雅造山帶

礦 業

台灣主要地質分區與礦產分布一覽表

地質分區		岩石組成		主要 地質作用	主要礦種
北部火山（大屯及基隆火山群）		火成岩	安山岩熔岩流、火山碎屑岩、凝灰岩	火成作用 換質作用	金銅礦、硫黃礦、黏土礦
西部麓山帶地質區（新第三紀沈積盆地）		沈積岩	砂岩、粉砂岩、頁岩、泥岩、石灰岩礁、礫岩	沈積作用 板塊擠壓 斷層作用	石油、煤礦、砂石、矽砂、黏土礦
中央山脈地質區	中央山脈西翼（第三紀低度變質岩）	變質岩為主、超基性火成岩體	硬頁岩、千枚岩、板岩	變質作用	雲母礦、水晶
	中央山脈東翼（先第三紀變質雜岩）	變質岩為主、超基性火成岩體	片岩類、片麻岩、變質石灰岩、超基性火成岩體、混合岩、角閃岩、蛇紋岩	變質作用 火成作用	大理石、白雲石、蛇紋石、石棉、寶石礦
東部海岸山脈地質區（新第三紀火山弧）		火成岩、沈積岩	基性火成岩、火山碎屑岩、火山角礫、砂岩、頁岩、泥岩、蛇綠岩、安山岩、外來岩塊	火成作用 換質作用	斑岩銅礦、寶石礦、黏土礦

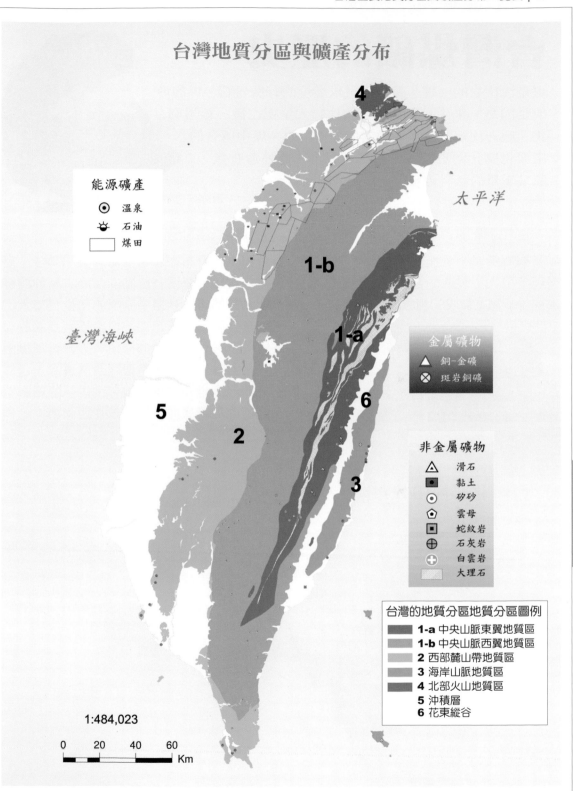

台灣地質分區與礦產分布

能源礦產
⊙ 溫泉
♨ 石油
▢ 煤田

太平洋

4

1-b

1-a

臺灣海峽

6

5

2

3

金屬礦物
△ 銅－金礦
⊗ 斑岩銅礦

非金屬礦物
△ 滑石
▣ 黏土
⊙ 矽砂
⬠ 雲母
▪ 蛇紋岩
⊕ 石灰岩
✛ 白雲岩
▨ 大理石

台灣的地質分區地質分區圖例
1-a 中央山脈東翼地質區
1-b 中央山脈西翼地質區
2 西部麓山帶地質區
3 海岸山脈地質區
4 北部火山地質區
5 沖積層
6 花東縱谷

1:484,023

0   20   40   60
Km

礦業

台灣煤礦的歷史

煤是沈積岩的一種，是成層可以燃燒的有機岩石，煤的形成是因為原來生長在沼澤中的植物大量死亡後，經過腐化、壓力沈積等成煤作用的過程產生的。煤中所含的主要化學元素是碳，約佔75％以上，此外還有氫、氧及少量的氮、硫及其他無機的礦物質。

▌菁桐礦工地標。

煤與炭的差別

煤又稱為煤炭，是埋藏地底的自然礦產。炭則是指人工製造的含碳物，例如以相思木或竹子加工製成的相思炭或竹炭等。

▌煤。

▌炭。

台灣煤田的分布

台灣煤田分布在北起沿海的金山基隆，東邊以貢寮、雙溪為起點向西南方延伸的範圍，最遠可以到達中南部的南投集集大山與嘉義阿里山奮起湖，但南投與嘉義的煤層，不具重要開發的價值，因此台灣煤田分布通常以竹南與苗栗為西南邊界。這條東北西南走向的煤田地帶，以基隆與鄰近地區的煤層條件最好，越往西南方向延伸條件越差。

台灣北部煤田分布圖

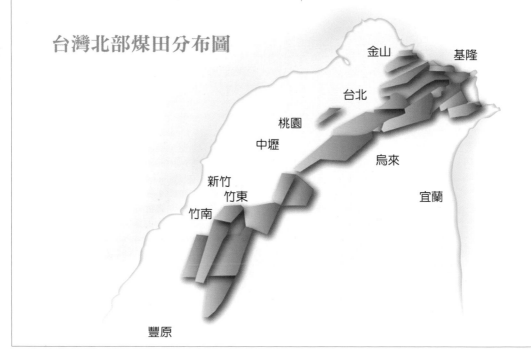

金山　基隆
台北
桃園
中壢
烏來
新竹
竹東
竹南
宜蘭
豐原

台灣早期煤礦業的發展

台灣的煤礦業應該在凱達格蘭文化時期已經開始，在十三行挖掘的遺址曾發現煉鐵及煤炭殘留遺跡，因此推定當時的人類已開始挖掘煤炭使用。西班牙領台期間（1626～1644年），相傳就曾向住民購置煤炭作為軍用。1644年荷蘭人佔領台灣，開始獎勵住民挖採煤炭，以供煉鐵。研判台灣在17世紀時就有煤礦業的發展。

清朝煤礦私採盛行

清領初期，當時官紳都迷信龍脈說，官方立碑明告禁採，但基隆地區煤礦私採仍日益盛行。到清同治9年（1870）官方調查基隆附近私挖煤礦有92坑之多，無法再實施煤禁，就劃定區域，開放民間採掘。清光緒2年（1876），沈葆楨以官營進行新式大規模煤礦開採，聘請英國工程師來台探勘開採，開啟了台灣現代化煤礦開採的風氣。

日治時代的煤礦業

光緒21年（1895），清廷割讓台灣予日本，限定以前從事礦業者及前已開掘的區域始准許採掘，當時年產量僅約1萬多公噸。日治時代因為鐵路建設解決煤礦運輸限制，同時煤礦業機械化生產技術進步，台灣煤礦產量大增，到了日本昭和2年（1927）台灣煤礦年產量增至185萬多公噸。二戰後期，台灣因受美軍轟炸影響，煤礦業陷入半癱瘓狀態，直到戰爭終了。

日治時期基隆三貂嶺菁桐間煤礦支線。

瑞芳鎮猴硐煤礦園區的瑞三本礦遺跡。

新平溪煤礦遺跡。

光復後的煤礦業

台灣光復後，各地煤礦始陸續恢復生產。到了民國37年煤礦年產量已經超過160萬公噸，還可以外銷上海、香港、廣州各地。中央政府遷台後，開始訂定獎勵辦法，鼓勵煤礦業者擴大規模，到民國53年達到年產量500萬多公噸水準，後來的20年間，台灣的煤礦產量與石油價格互相影響，產量起起落落。民國73年，台灣煤礦連續發生三次大災變，政府開始輔導安全不良或經營不善之煤礦早日停產，台灣煤礦產量逐年減少，到民國82年已降到32萬多公噸。民國90年，台灣最後一個量產的煤礦結束，進入煤炭全部進口的時代。

礦業

煤礦礦區景觀

台灣的煤礦以挖掘坑道，在地下進行開採作業為主。開採過程分成掘進、採煤、運搬、洗選等步驟，加上為了維持良好安全作業環境必要的支撐、通風與冷卻等措施。這些採礦工作都仰賴許多人力操作，除了礦區核心的生產景觀外，還進一步發展出礦區的住宅與社區景觀。

日治時期三貂嶺菁桐間煤礦支線。

總辦事處（菁桐煤礦紀念公園）。

物料倉庫（菁桐煤礦紀念公園）。

煤礦礦區景觀示意圖

微粉煤沉澱池
煤炭經過洗選後，細碎的煤渣會放到這裡，當煤渣裡的沙石沉澱後，粉煤會浮出水面，可以收集起來利用或出售。

職員宿舍
是一般非礦工職員的起居住所，設備再礦區裡是相對比較好的。

礦工宿舍

選煤場
煤炭挖出坑道後，先堆到選煤場，挑選出顆粒較大的煤炭，其餘細碎的煤渣，就送到微粉煤沉澱池整理。

礦工宿舍

廢石場
又稱捨石山，是堆放採煤時一起挖出的廢石料的地方。

日治時期猴硐煤礦選煤場。

菁桐坑選洗煤場，2001年時獲選文建會台灣歷史建築百景。

▌礦工宿舍（內寮子）（猴硐煤礦博物館區）。

▌礦工宿舍（內寮子）模擬內觀（猴硐煤礦博物館區）。

▌煤礦業用炸彈（台灣煤礦博物館）。

福利社
礦場的福利社提供礦工日常用品，一般礦工不用付現金，記帳消費在發薪水時同一扣帳。

炸藥庫
存放採礦使用的炸藥。

中山堂
礦場的中山堂是礦區的活動中心，是礦區康樂晚會、放映電影及大型集會的地點。

原住民礦工宿舍區
因為原住民與漢人的生活習慣不同，為避免產生糾紛，特別單獨設立原住民礦工宿舍區。

礦工宿舍區

浴室
因為礦坑內的工作環境非常污濁，工作後的身體衣物很髒，礦工回家前會先在礦場的浴室洗澡後再返家。

物料倉庫

坑木場
堆放以相思木為主的坑木。

工廠
礦場機械設備存放及維修的地方。

事務所
礦場的辦公室，行政人員辦公的地方。

▌礦工澡堂（台灣煤礦博物館）。

礦業

煤場模型（猴硐煤礦博物館區）。

卸煤櫃（右下）及選洗煤場（左上）。

菁桐坑卸煤櫃。

宿舍區

事務所

選煤區

儲煤區

工廠

柴油機關車庫

台車

坑木場

吳老濤2006

採煤系統及運送

菁桐坑卸煤櫃（菁桐車站）。

柴油機關車（台灣煤礦博物館）。

入坑器具。

▌瑞三本礦坑口外觀區及檢身站。　　▌木製礦工名牌。　　▌坑口檢身室。

檢身站

礦工進出坑道工作前後，必須到檢身站報到，由安全人員確認進出，並領取或歸還所屬特定燈號的礦燈，檢身站目的在確認個別礦工執行任務的時間與紀錄。

主斜坑　片道

▌坑木台車。　　▌鑿岩作業模型（猴硐煤礦博物館區）。　　▌瑞三本礦坑口。

煤礦開採的方法

各國採煤法

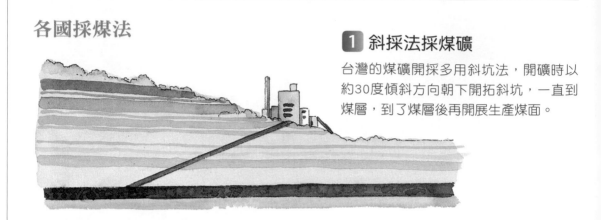

1 斜採法採煤礦

台灣的煤礦開採多用斜坑法，開礦時以約30度傾斜方向朝下開拓斜坑，一直到煤層，到了煤層後再開展生產煤面。

2 豎坑法開採煤礦

豎坑法多使用在地勢平坦的地區，開礦時直接向下以垂直角度開拓直井至煤層，到了煤層後再開拓生產煤面產煤。清朝的八斗子官礦就是用豎坑法採煤。

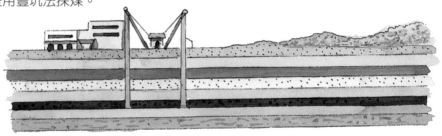

3 露天法開採煤礦

露天法是將覆蓋在煤層上的覆土剝除，直接露天開採煤炭。在國外有些煤層厚度大，煤層會直接露出於地表，就用這方法開採。

煤礦的開採流程

台灣地區煤礦之煤層單位面積儲量低，且受劇烈地殼變動影響，開採困難。通常先由一段斜坑慢慢延伸到三段斜坑甚至四段斜坑開採。開採時間久了之後，坑道會越來越深，必須設法機械化，改進生產方式，才能提高生產。台灣地區煤礦的開採過程，可分成掘進、採煤、搬運、洗選等幾個階段。由於煤炭生產環境的特性，支撐、通風與冷卻是維持煤炭順利生產的重要條件。

掘進

坑道掘進可分為主坑道及沿煤層、沿岩層掘進等。掘進工人容易罹患矽肺症，是艱苦卻不能欠缺的工作。坑道掘進可以分成鑽孔、炸藥填裝與發爆、裝碴與支撐等工作。

採煤

台灣煤礦採煤的技術主要是爆破採煤及鎬煤機機械化採煤，常用的機械有割煤機、剝煤機、撞犁機及刨煤機等。

搬運

早期煤礦坑內主要以人力或馬匹進行搬運，機械化之後，水平狀的片道多採人力推動礦車或輸送帶運送煤炭。煤巷的搬運主要使用小型捲揚機。較大的水平坑道則使用天線電車、蓄電池機關車及柴油機關車等。斜坑則使用捲揚機，坑外搬運則使用各式機關車。

煤礦開採示意圖

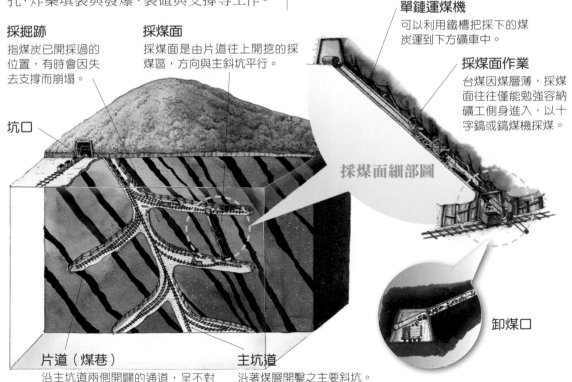

採掘跡
指煤炭已開採過的位置，有時會因失去支撐而崩塌。

採煤面
採煤面是由片道往上開挖的採煤區，方向與主斜坑平行。

坑口

單鏈運煤機
可以利用鐵槽把採下的煤炭運到下方礦車中。

採煤面作業
台煤因煤層薄，採煤面往往僅能勉強容納礦工側身進入，以十字鎬或鎬煤機採煤。

採煤面細部圖

片道（煤巷）
沿主坑道兩側開闢的通道，呈不對稱分岔，越上方的片道越長。

主坑道
沿著煤層開鑿之主要斜坑。

卸煤口

礦業

坑外選煤場工作示意圖

■ 早期的選煤作業，石頭和雜質丟到中間輸送帶，煤炭放在兩邊輸送帶。

漏斗槽
煤炭倒入漏斗槽後由下方漏出。

拖板機

石塊或雜質物

煤炭

翻車間

翻車間內最主要的設備是翻車器。礦車由鐵軌直接推入圓筒狀、可作360度翻轉的翻車器中,將礦車翻轉倒出煤炭。

翻車台,也稱卸煤斗(台灣煤礦博物館)。

提升機

把振動篩漏下的煤及碴石送至水槽中洗選。

水槽

利用水力分離出碴石與粒煤及粉煤後(前者顆粒又比後者略大些),碴石送至廢石場,粒煤集中後送至儲煤場,粉煤則送至微粉煤沈澱池。

振動篩

振動篩以電力搖動,把粒徑較小的煤炭及碴石經由篩孔落入下方提升機前方,粒徑較大者則會落入前方拖板機。

日治時期猴硐煤礦選煤場。

礦業

珍貴的黃金

黃金的耐久性與自然美麗的顏色與光澤，自古以來便是人類夢寐以求的財物。許多人為了黃金夢離鄉背井，許多戰事及國家興亡，也因黃金而起。連哥倫布發現美洲大陸，也是為黃金寶藏而航海的意外發現。黃金的珍貴、稀少也是最主要的原因。地殼中黃金平均含量只有百萬分之0.005（0.005ppm，即1公噸的石頭中，只含0.005公克的黃金），是極其稀少的珍貴金屬。

黃金的特殊性質

黃金的延展性非常好，1公克的黃金，可以拉成一條超過2公里長的金絲。黃金可以壓成非常薄的金箔，薄到只有0.000076公釐，約為一般影印紙厚度的千分之一。黃金的化學性質非常穩定，除了水銀、氰化鈉以及王水可將黃金完全融解以外，其他化學藥品都無法侵蝕黃金，使得黃金製品不易受環境影響，而能常保光鮮豔麗。

黃金的用途

三千多年前埃及法老及祭司與中國的貴族都已經使用黃金當作裝飾品。大約西元前700年，小亞細亞的呂底亞王國，將黃金與白銀合鑄成錢幣，使得黃金與貨幣開始發生關係。到了近代黃金更是許多國家貨幣或儲備金的來源。由於黃金具有許多特殊化學與物理性質，因此在工業上、醫學上被廣泛的應用，黃金的導電性及延展性非常好，又不易氧化，也是現代電器和電子工業裡接線柱、印刷電路、電鍍和半導體系統的重要原料。

▍敬神的金牌。

▍金瓜石黃金博物館的黃金磚。

黃金礦的形成

黃金的礦體主要有山金和砂金兩大類。山金是存在於礦脈或岩石中的黃金，砂金是山金風化後散布於沖積砂礫層中的黃金。熱水礦液是形成黃金礦床重要的因素。地球內部因為後火山作用或地溫梯度的關係，部分地區會有非常高溫的地熱存在，

這些高溫的熱水，對礦物質的溶解度很大。這些含有較高礦物質的熱水礦液，順著地殼的斷層、裂隙向上滲流時，隨著溫度、壓力逐漸下降，與周遭岩石產生化學反應，而將微量的黃金沈澱在斷層、裂隙或是岩石的孔隙中。經過長期的累積富集，有些便形成了黃金礦體。

金瓜石-九份地區黃金礦的形成

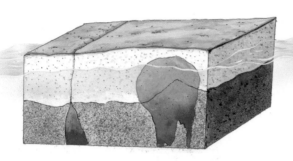

❶ 大約170~90萬年前，火成岩侵入岩體；同時陸地持續上升。

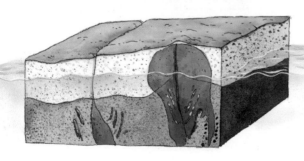

❷ 約110~90萬年前，火成岩體內及附近的沉積岩內逐漸生成許多黃金礦體。

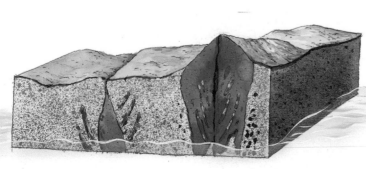

❸ 金礦體生成後，陸地不斷抬升，覆蓋在金礦體上的岩層被侵蝕，使得部分黃金礦體露出地表或是淺層。

礦業

台灣金礦開採史

台灣有豐富的黃金礦藏，早在16世紀便吸引了眾許多歐洲淘金客來此開採金礦，早期台灣的金礦以砂金為主。到了清光緒20年（1894）發現九份的金礦露頭，清政府設金砂局開始抽釐費，開啟了台灣輝煌的採金熱潮。到日治時代，日本人深入台灣的深山積極展開金礦的探勘工作，發現中央山脈礦區蘊藏著豐富的黃金礦床，但是因為當時條件，日本人並沒有進行大規模採礦，目前這些黃金礦脈大多已劃入國家公園的範圍，不可能進一步開發。

但是北部豐富的金礦，日本人劃分成瑞芳、金瓜石及武丹坑三礦經營開挖，日本大正9年（1920）台灣人顏雲年合併了瑞芳金礦的所有礦權，成立了台陽業株式會社主導

▌圖中間深色帶狀岩層是黃金礦脈。

了九份地區附近的金礦開採，一直到民國60年才結束半世紀以來瑞芳金礦的黃金開採歷史。

金瓜石礦區從日本明治31年（1898）開始開採，初期只生產黃金，後來更增加銅礦生產並合併了武丹坑礦山的礦權。光復後日本人的金瓜石礦區被接收，後來改由台灣金屬業公司（簡稱台金公司）經營，到民國76年台金公司關閉停產。

▌早期的淘金工作。

▌金瓜石礦山。

▌日治時期金瓜石礦山。

台灣砂金分布圖

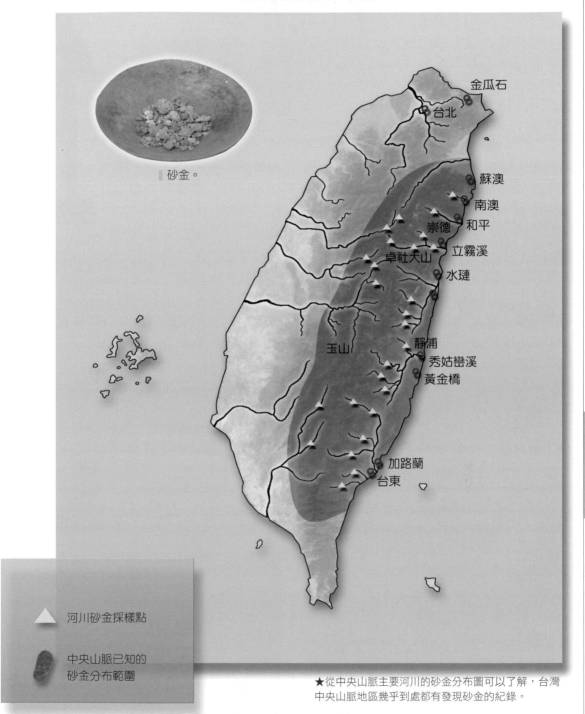

砂金。

金瓜石

台北

蘇澳

南澳

崇德　和平

卓社大山　立霧溪

水璉

玉山　靜浦

秀姑巒溪

黃金橋

加路蘭

台東

▲　河川砂金採樣點

中央山脈已知的
砂金分布範圍

★從中央山脈主要河川的砂金分布圖可以了解，台灣
中央山脈地區幾乎到處都有發現砂金的紀錄。

礦
業

金礦的開採與運送

金瓜石地區礦坑的開採，主要使用鑿岩機、平鑽機、仰鑽機以及手鑽機等工具鑿坑。九份地區則多以手工鑿孔之後，再以火藥開炸採礦。通常礦工採得的礦石，會利用坑道的礦井，傾落到運輸坑道的豎井，之後再倒入礦車，由主要運輸坑道運到坑外。

❶**索道**：礦石開採後運送至礦車，再利用空中索道的纜繩將礦車吊運到選礦場。

❷**礦車道**：早期尚未架設索道的時候，多仰賴人力或馬匹，將礦車運送到選礦場。

❸**出入坑手續**：礦工必須先在見張所以入坑證換取木牌，然後入坑工作，直等到工作結束出坑時，再以木牌換回入坑證。

❹**見張所**：又稱牌仔間。位於礦坑外面，礦工入坑前必須先在此換證才能入坑。

❺**坑道的通風**：除了利用主坑道及直井，使空氣自然流通之外，還會利用坑口旁的壓風機經由通風管將新鮮空氣送入坑內，以維持坑內良好通風。

❻**坑道加強**：主要運輸坑道由於人車出入較頻繁，其邊緣通常會再砌以磚頭或水泥，以確保坑道安全。

❼**坑道的照明**：早期礦工多使用電石燈為照明設備，後期在主要坑道內，多採用電燈為照明工具。

❽**主坑道**：又稱本路，是礦工出入礦坑的主要通道，也是礦工們採得的礦石集中運送至坑外的主要運輸通道。

❾**水平坑道**：又稱中段，是礦工們進行採礦的地方。在金瓜石的水平坑道內，有時會舖設人力鋼軌，以利礦工將礦車推運到豎井，最後再運到坑外。

❿**豎井**：在主坑道與水平坑道之間，會以豎井或斜坡道聯繫（九份地區稱為樓井），以便於礦工們將採得的礦石傾倒或吊運到礦車中，然後再運出坑外。

⓫**爆破**：爆破工在岩孔中埋入炸藥及引藥後，躲避在距爆破處約30公尺的安全距離之後再進行爆破。

⓬**鑿岩**：風鑽工先在堅硬的岩石上鑽鑿一系列的砲孔，以利爆破工進行之後的爆破工作。

⓭**坑內的飲食與休息**：通常礦工不會在坑內飲食，除非趕工才會帶便當在坑內飲食。由於坑內的水多含有重金屬，不能飲用，所以礦工們會自備飲水，礦工休息時可抽煙或聊天，但禁止飲酒以免醉酒鬧事，耽誤工作。

見張所

▌坑口的礦車（圖右前）與見張所（圖右後）。

金礦礦坑開採流程示意圖

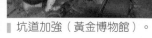

坑道加強（黃金博物館）。

鑿岩。

坑內飲食與休息。

淘金的流程

選擇淘金地點

例如金瓜石、九份附近小溪流，或是基隆河、中央山脈流出來的河川，都可以淘洗到砂金，但不是寬廣的河床上處處都有砂金，要選擇正確的位置。純金的比重為19.3，比起一般砂石3.0以下大很多，通常在大風雨之後，有機會被沖刷到河水流速降緩的地方沉積下來。比較常見的位置在河道彎曲的內彎地方、沙洲的上游處、河川由窄變寬的地方、河川中的壺穴、瀑布下方的沖蝕洞等等。

挖取材料

河水帶不動砂金，砂土中較不可能有砂金。在礫石堆中比較容易發現砂金，而且因為砂金容易下沉；因此愈往深處，找到砂金的機會愈大。挖取材料時可以先用鐵槌等工具將砂石鬆動後再挖取。要避免使用漏水的工具挖取，以免砂金從漏縫中流失。

過篩與洗泥

挖取出來的砂石，由於顆粒大小不同，所以最好先將砂石過篩，挑出沒有砂金的大顆礫石。過篩時要邊用水沖洗，邊用手搓洗篩網內的砂石，好將黏附在大石頭上的砂金沖洗下來，過篩後用淘金盤或其他不漏水的容器盛裝過篩下來的材料。篩洗後的石礫在丟棄前檢查看看是否遺漏了石頭金。

過篩後的材料，還混雜著許多泥土，要經過洗泥的步驟，就是把材料放在搖金槽或淘金盤內以水搓洗，使泥土和開，再晃動搖金槽或淘金盤，讓重的物質下沉，再將上方的泥水輕輕倒掉。反覆幾次沒有泥塊，就開始淘洗。

用搖金槽淘洗砂金

早期採金，搖金槽是用來回收黃金的主要工具之一。用搖金槽淘洗砂金時，先在水源旁放好兩塊平坦的石塊，上面墊上一層厚布，再將搖金槽的兩個腳架放在上方。使搖金槽有適當的斜度，可以把重的礦物和輕的泥沙分開。

搖金槽架好之後，先將水倒入搖金槽內靜置一會，觀察搖金槽尾端的積水寬度來調整斜度，大約有10公分寬的積水，才是適當的斜度。淘洗時，先將過篩、洗泥後的材料集中至搖金槽的前端，將搖金槽的尾端抬起，在槽內加水，再晃動幾次搖金槽，讓較重的砂金下沉，然後輕輕地將水倒走。接著用有漏水孔的水杓取水，來回輕輕沖刷材料的上端。而另一隻手則握住搖金槽的握把，前後均勻的搖晃，使材料在搖金槽的中線附近往下流動。當材料往下沖刷至超過手把的下方時，砂金及重礦物便會與輕的砂石分離開來。此時可以直接以手挑撿粗的砂金顆粒，或是用薄銅片或薄膠片將砂金及重礦物鏟入鐵碗內再進一步精淘。

用淘金盤淘洗砂金

如果使用淘金盤，盤的邊緣會有數道凸紋，在淘洗時凸紋的一端要朝下，防止砂金的流失。首先將過篩及洗泥後的材料放在盤內，加水漫過材料，然後前後晃動數次，讓重礦物及砂金下沉至盤底，接著一邊晃動、一邊傾斜盤身，讓水流出，並將表層的砂石帶走。之後再盛水，並調整淘金盤斜度，使盤底折角在最低位置，然後再一邊晃動一邊倒水，重礦物及砂金便可集中。反覆數次後，最後只剩下砂金及重礦物留在盤底。最後，可以在盤內裝少量的水，再晃動數下，讓重砂集中在盤子的邊緣，然後搖動盤面，漂開較輕的砂，把砂金等比重大的礦物沉留下來。

鐵碗精淘及砂金回收

以搖金槽或淘金盤淘洗後的砂金及重礦物，要倒入鐵碗內進行最後的精淘及砂金回收。此時剩下的礦物，除了砂金以外，常見的還有黃鐵礦、磁鐵礦、風信子石、硫砷銅礦、方鉛礦、辰砂等重礦物。在進行精淘之前，可以先將重砂倒入非磁性的塑膠容器，在容器內裝些水，先用磁鐵將磁鐵礦吸出。除去磁鐵礦後，再將重砂倒回鐵碗進行精淘。精淘時可以用少量的水在碗內，搖動鐵碗依逆時鐘方向流動，慢慢的，較輕的礦物會往前漂，砂金則會留在最後面，沉到底下。

礦區之旅

台灣除了金瓜石之外，許多金礦位於崇山峻嶺或偏遠地區。若要前往礦區體驗，最好具備登山經驗，或由有經驗的嚮導帶領。建議一般對金礦有興趣的人，從交通較便利的金瓜石—九份地區，開始黃金礦體的體驗之旅，並且事前做好妥善的行程規劃。

礦區之旅建議行程

礦體和景點	對象	觀察時間	交通
基隆山地區 竹和第一長仁礦體 陰陽海和黃金瀑布	一般民眾	6小時	建議搭公車至金瓜石總站後，步行進行觀察。
小金瓜礦體 本山、樹梅礦體 武丹山、草山地區 基隆山地區	一般民眾	4小時	自行開車
本山礦體 第三長仁、獅子岩 牛伏及龜礦體 半平山、粗石山地區	腳力佳者	6小時	建議搭公車至金瓜石總站後，步行進行觀察。

礦區之旅的注意事項

❶礦區中氣候潮溼，路面較溼滑或生有青苔，因此走路時要小心路滑。

❷謹慎使用鐵槌，注意安全。

❸靠近礦場時要注意上方會有落石掉下。

❹礦區的坑道年久失修，某些坑道內可能有垂直的豎井，若不慎失足將有生命危險，千萬不要好奇進入坑道。

❺穿長袖長褲，並戴手套，避免芒草割傷。

❻在黃金礦體附近常有矽化的岩石，其破碎的稜邊很銳利，非常容易被割傷，因此要小心。

❼山中偶爾會有蛇類出沒，因此走路時要稍微留神，避免進入草叢堆。

❽少數地區遺留早期礦車的鐵軌，偶爾會突出路中，行走時要小心，避免被絆倒。

❾山中有時會有濃霧，起霧時行走要小心掌握路的方向，以免失足或在山中迷失。

位於金瓜石的黃金博物園區。

爆破時礦工掩耳躲避。

民眾參觀坑內作業。

考察的工具與裝備

安全帽
進入礦坑的
安全配備。

鐵槌
用以敲擊與
採集樣品。

鑿子
敲擊塊狀的岩
石或鐵槌不易
直接施力處。

┃礦坑入口。

┃壓風機。

┃提煉出的金塊模型。

┃黃金博物園區的鎮館之寶—220公斤999純金大金磚。

┃礦坑的鑿岩作業模型。

礦

業

人類不可缺少的鹽

鹽是人體不可缺少的物質。鹽裡面的鈉與氯離子都是人體中主要關鍵物質。鹽的其他用途還包括醫藥、食品、工業、農業、漁業及國防等多種用途。

鹽的自然界來源

鹽的自然界來源有岩鹽、海鹽、湖鹽、地下鹵水、草鹽及木鹽等。目前全世界每年約生產兩億兩千萬公噸，其中海鹽占26％，岩鹽占41％，鹽湖與井鹽占29％，其他4％。

岩鹽

岩鹽是現今世界食用鹽的主要來源。岩鹽主要是因陸地移動或地殼變動時，海水湖泊下沉蒸發後，沈積下來的鹽結晶，再堆積固化所形成的礦脈狀鹽。純淨的岩鹽無色、透明，含雜質時呈淺灰、黃、紅、黑等色，具玻璃光澤。

▐ 岩鹽。

草鹽

草鹽是用鹼蓬草做出來的，鹼蓬草又稱鹽蒿子、是雙子葉藜科植物，是一種可以在鹽鹼土質中存活的紅紫色草，在台灣常見於鹽田、魚塭的裸花鹼蓬曾是過去貧民的鹽分來源。

木鹽   ▐ 羅氏鹽膚木。

在中國黑龍江省與吉林省交界處，有一種木鹽樹，根部會不斷吸收地下的鹽分，樹幹上會凝結出雪白的鹽霜，刮下就能當鹽食用。在台灣山區也有羅氏鹽膚木，其果實外層含有鹽分，是早期原住民打獵時補充鹽分的來源。

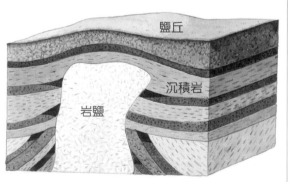

岩鹽礦床示意圖

四川自貢的井鹽工地示意圖

四川自貢1000多年前已經能夠利用1000公尺深的卓筒井，挖取地下鹵液製鹽。

湖鹽

湖鹽是露天滷池，主要產自鹹水湖，大陸內蒙古的天湖就是鹹水湖，世界最大的鹽湖是烏尤尼鹽湖，它的面積達1萬多平方公里，世界最著名的鹽湖則是中東死海。

井鹽

以挖掘深井的方式抽取地下鹵水，經過加工製成的鹽叫井鹽，生產井鹽的豎井叫鹽井。四川自貢就是有名的井鹽產地。

海鹽

海水中大約含有3%的氯化鈉，經過蒸發、濃縮與結晶的加工處理可以產出海鹽，是海洋國家食鹽的主要來源。

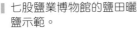
七股鹽業博物館的鹽田曬鹽示範。

曾經當作貨幣的鹽

因為鹽是人類生活必需品，所以在早期某些地區曾經把鹽當作交易的貨幣，根據義大利人的《馬可波羅遊記》記載，在十二世紀的西藏，每塊約半磅重嵌有官印的塊狀鹽曾經被當作貨幣，遊記中記載西藏商人使用這些鹽塊貨幣，購買土著的黃金、麝香等物品。西方諺語「不值得他那份鹽」（not worth his salt）是因為在古希臘，鹽曾經用來作為交換奴隸的媒介。古羅馬帝國也曾經以鹽給付給付士兵的薪餉，名為「鹽錢」，這也是英文字薪脊Salary的來源。

台灣鹽業的歷史

荷蘭佔領以後，致力發展貿易，並招募大陸移民來台開墾，當時所需的鹽主要依賴大陸進口。其間荷蘭人在1648年曾在現今台南市鹽埕里南側的瀨口闢建瀨口鹽田，但因雜質偏高，鹽味苦澀，市場反應不佳，在鄭成功佔領台灣之前，台灣的鹽主要仍賴大陸進口。

明鄭開始建鹽田收鹽稅

鄭成功攻占台灣後，清朝政府封鎖台灣經濟。明鄭當局除積極開墾農地外，並於明永曆19年（1665）重建瀨口鹽田，並改良曬鹽方法，以確保鹽源，隨後又陸續在台南永康闢建仔尾洲仔尾鹽田，在高雄建打狗鹽田。當時的鹽田由百姓自由產銷，政府按鹽埕面積徵財產稅，稱為「鹽埕餉」。

清朝時期開始鹽務專賣

康熙23年（1684），清朝占領台灣，初期台灣鹽業延續明鄭舊制，鹽田仍由人民自由產銷，但隨人口增加，鹽品市場供需逐漸失調，鹽業紛爭增多，清雍正4年（1726）官方頒布鹽制，開始實施專賣，嚴禁人民私曬私賣，當時台灣官鹽的收購價一直以清雍正4年（1726）的場價為準，百年未變。與市價差距有數倍之多，致私鹽氾濫、官鹽滯銷、鹽田廢棄、鹽埕餉嚴重短收。到日本佔領台灣之前，台灣食用私鹽的現象一直都沒有消失。

台灣近代鹽田的出現

清道光4年（1824）吳尚新投資闢建嘉義布袋新厝鹽田，改良舊式鹽田的缺點，將鹽田結構分為磚瓦埕（原坵盤）、土埕（即小蒸發池）、水埕（即大蒸發池）、鹵缸等設施，使製鹽的技術逐漸成熟，這個改良的鹽田又稱為布袋式鹽田，是台灣近代鹽田的原型。

▎台南七股鹽山。

▎台南安平德記洋行蠟像館鹽農模型。

日治時期的布袋鹽山。

日本時期鹽的專賣

明治28年（1895）日本佔領台灣後，開始時廢除食鹽專賣制，台灣的食鹽銷售網路瞬間崩解，鹽民紛紛轉業，鹽田大量廢棄，台灣的鹽要靠大陸與日本進口。日本明治32年（1899）台灣重新開始實施鹽的專賣制度，到明治34年（1901）鹽田面積已恢復至清朝時期的規模，鹽產開始有餘鹽銷往日本，為供應日本國內工業用鹽的需求，台灣富商辜顯榮、陳中和等紛紛投入鹽業生產，經過十多年，大正5年（1916）台灣的曬鹽產量已高達17萬餘公噸，外銷量亦突破10萬公噸。

光復後台鹽總廠獨家經營

光復後，台灣省行政長官公署專賣局接收日本人在台鹽業資產，並於民國41年由台灣製鹽總廠繼受全部鹽業資產，獨家經營鹽業生產，民國54年台灣鹽的總產量有56萬公噸，在此之前，台灣鹽產量超過國內需求，可以大量輸往日本，隨著台灣工業用鹽需求日增，民國56年起台灣鹽停止外銷，全部供應國內需求。後來由於台灣鹽面臨進口鹽質高價廉的競爭，進口鹽逐漸成為市場主流，台鹽最終在民國91年關閉了所有的曬鹽場，自此台灣曬鹽業消失走入歷史。

台南七股台鹽博物館。

台南七股鹽山。

礦業

台灣鹽業博物館

位於七股的台灣鹽業博物館，是一個典藏、展示、教育台灣鹽業發展工作的展覽館，把台灣300多年的曬鹽歷史完整呈現民眾眼前。館裡許多逼真的鹽田設施、鹽民生活模型，栩栩如生的勾勒出民國五十年代七股土盤鹽田的工作場景。展示館外面保留的鹽田設施及鹽民工寮，更是以實景展示了鹽民曾經滴下辛苦汗水的工作區域。

製鹽的方法

製鹽的方法，主要目的是取得鹽氯化
鈉的結晶，有的方法是把鹵水蒸發濃
縮製造成鹽，有的方法是用物質的物
理化學特性設法結晶出鹽。

自然蒸發法

自然蒸發法是人類最古老的鹽結晶方法，
是利用太陽輻射熱蒸發製造食鹽，在古
代希臘、羅馬、埃及的古文明裡，都曾經
出現過自然蒸發法製鹽的情形。海鹽、湖
鹽、池鹽都可用自然蒸發法處理製鹽。

煎熬法

煎熬法是利用火力發熱來蒸發濃縮鹵水製
造食鹽，煎熬法的煮鹽技術有原始的石鍋
式、平鍋式、蒸氣利用式、真空式、加壓
併用真空式等多種方法。

▌自然蒸發法的鹽田。

平鍋法

平鍋法是最原始的人工煎
熬法，煎熬時使用淺平的
大鍋裝盛鹵液，在鍋底直
接以火加熱，把水分蒸發
製成鹽，平鍋煎熬法可以
在室內進行，不受天候影
響，品質也較穩定，比自
然蒸發法的日曬更容易掌
控鹽的生產。

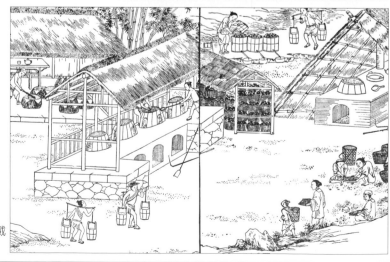

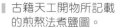
▌古籍天工開物所記載
的煎熬法煮鹽圖。

■ 鹽田。

■ 布袋鹽場。

真空罐蒸發法

真空罐蒸發法是利用不同的真空罐子，真空程度不同沸點各異的特點，煎煮鹵水成鹽，以第一罐內鹽水蒸發出之蒸氣，用以加熱第二罐；第二罐內所生之蒸氣，用以加熱第三罐，比照反覆進行，使鍋爐內的熱蒸氣能多次使用。一般製鹽的蒸發罐最多四效。這是一種節省燃料、產品穩定的鹽製造法。

凍結法

凍結法是利用水分子由液態凝為固態時，氫、氧以外之的離子會被分解出來的物理特性，將含鹽的溶液降溫凍結成冰，就可以從溶液中析離出氯離子與鈉離子，成為鹵水，經多次凍結程序後會結晶出鹽。此種製鹽法常為寒帶國家採用。

電析法

電析法也稱離子交換膜法，原本目的是使用海水提製淡水，1965年，日本人應用此一技術以海水製鹽。電析法製鹽是以離子交換膜法製鹵，以真空罐蒸發法煮鹽。
電析法製鹽的鹵水純度較高，產出的鹽品質優良，生產作業都在室內以自動化機械操作，生產效率很高，但是能源成本也很高，一般不用來產製工業用鹽。

■ 苗栗通宵鹽場的廢棄蒸發罐。

■ 製鹽廠模型。

礦業

早期的日曬鹽田

台灣早期的鹽大部分都以自然蒸發法日曬產出的，日曬鹽田是利用太陽日曬及風吹的自然力量，把海水蒸發濃縮結晶成鹽，因此日曬鹽的生產過程需要合適的自然條件配合。

高溫低溼的氣候條件

良好的日曬鹽田需要有明顯的乾季、長期連續的晴天、長時間的日照、大的風力，有高溫度、低溼度的氣候條件才能創造出高淨蒸發量的鹽田。

穩定良好的海水進出條件

良好的日曬鹽田需要潮差穩定且鹽分濃度高、水質好的海水作為原料，因此需要高潮位以下、低潮位以上，且遠離內陸河流出海口的大面積灘地進水，具體觀察發現以峽灣或潟湖的地形是最合適的地帶。

避免鹵水滲漏的土壤條件

鹽田的鹵水需要持續曝曬多日，為避免鹵水滲漏到地底，良好的日曬鹽田，土壤需要比例適中的沙土與黏土。

台灣的鹽田有雨量過大的缺點

台灣西南沿海有長時間強烈的日照與東北季風，是非常合適的鹽田地形，但是卻有年雨量大的缺點，蒸發量比美國加州及西澳洲低許多，生產成本較高，使得台灣鹽產在國際間沒有競爭力。

瓦盤鹽田使用公賣局廢棄的酒缸瓦片鋪設結晶池。

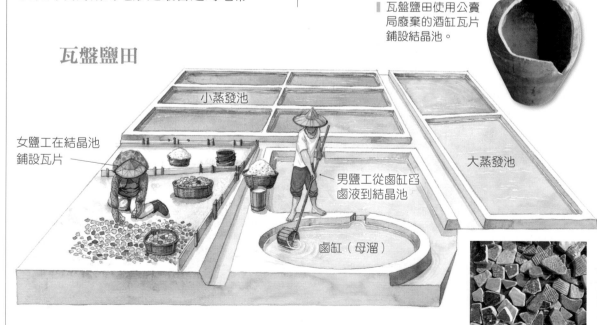

瓦盤鹽田

小蒸發池

大蒸發池

女鹽工在結晶池鋪設瓦片

男鹽工從鹵缸舀鹵液到結晶池

鹵缸（母溜）

瓦片。

早期的鹽田曬鹽作業。

台南的瓦盤鹽田。

台灣的鹽田型式

鹽田的結構基本上分為蓄水區、蒸發區與結晶區三個部分，台灣的鹽田以結晶池鋪面可以分為瓦盤鹽田及土盤鹽田。以採鹵方式可以分為淋鹵式鹽田與曬鹵式鹽田。

鹽田的結晶池鋪面

鹽田以結晶池鋪面可以分為瓦盤鹽田及土盤鹽田，瓦盤鹽田是以破缸片作為結晶池鋪面。土盤鹽田是以沙土與黏土6：4比例混合打漿再滾壓做成結晶池鋪面。

鹽田的採鹵方式

鹽田以採鹵方式可以分為淋鹵式鹽田與曬鹵式鹽田。淋鹵式鹽田在日治時代稱為「乙種鹽田」，是以沙漏濾洗鹽沙來採集鹵水，故又稱沙漏式鹽田。曬鹵式鹽田係以水坵直接引取海水曝曬蒸發製成鹵水，再注入結晶池曬製成鹽，也稱「曬水式鹽田」。

淋鹵式鹽田

翻耙鹽沙

淋濾沙漏

結晶收鹽

礦業

曬鹵式鹽田

台灣近代的鹽田以曬鹵式鹽田為主，曬鹵式鹽田的製造過程需要的設備及結構，包括引水與排水系統、貯水池、大、小蒸發池、蓄鹵池及結晶池等。

蓄水區

蓄水區用來蓄集與沈澱海水，以製造飽和鹵水原料，往往以蒸發區與結晶區規劃之後剩餘的土地建設而成，通常所說的標準鹽田的面積並不包括蓄水區。

蒸發區

蒸發區是製造飽和鹵水的區域，又分成大、小蒸發池。大蒸發池以生產流程分為五級，稱為「坵」。小蒸發池分三級，稱為「段」。小蒸發池在大蒸發池第五坵的尾端，較大蒸發池高約1公尺。大蒸發池的鹵水使用水車、風車或馬達送入小蒸發池，大蒸發坵與坵、小蒸發池段與段之間高度逐級降低，使鹵水能自然流動。

結晶區

鹽田的結晶區在小蒸發池旁邊，略低於小蒸發池。瓦盤鹽田的結晶區通常以木板或磚塊劃分為三十二格。土盤鹽田的結晶區一般以土堤分隔劃分四十八格。為加速雨後復曬，一般結晶區多會設置俗稱「鹵缸」的圓形蓄鹵池，以保存高濃度鹵水。

台灣曬鹽的生產流程

台灣缺乏明顯乾季，曬鹽為避免間歇性降雨導致「成鹽溶損」與「鹵水淡化」，都採取「與天搶鹽」般的「淺鹵薄曬法」，生產流程分為引水、大蒸發池、小蒸發池、結晶池及收鹽五階段。

▌結晶池。

水門

水流方向 → 過鹵

過水

曬鹽流程圖

納潮引水

鹽田每日於漲潮後開啟水門，引海水入蓄水池，稱為納潮，再用抽水幫浦送入給水路，進入大蒸發池第一坵。

大蒸發池階段

海水進入大蒸發池後從，第一坵到第五坵，每天打開閘門，讓鹵水自然流至次一坵，使海水濃度逐漸增高、水中雜質逐漸沈澱，濃度逐漸增高，到第五坵海水濃度達到約波美11度左右的鹵水後，再將鹵水集中於集鹵溝，用風車或水車導入小蒸發池第一段。

小蒸發池階段

鹵水蒸發的第6天開始在小蒸發池繼續曝曬，每天1段，使石膏（硫酸鈣）逐漸析出，經過三段蒸發，鹵水濃度達到約波美25度的飽和鹵水，就可注入結晶池。

結晶池階段

結晶池階段的鹵水濃縮至波美26.5度，開始析出氯化鈉，就會結晶成鹽，在波美28至29度間析出的氯化鈉品質最好，如超過波美30度，便成苦鹵，雜質增多，應盡快排出鹽田。夏天時，鹵水在結晶池1天就可成鹽，但日照不強的淡產季節，則須經2至3天，方能成鹽。

鹽田整修

台灣海島型氣候在4月梅雨季來臨前，無法產生曬鹽的濃鹵，所以此時鹽工會停止曬鹽，從事鹽田整修工作。鹽田每年都要整修，整修時或是調整沙黏土的比例，或是修補風化鬆動的瓦片，或是重整鬆軟的池面甚至更換埕面上的新土，重建鹽田。

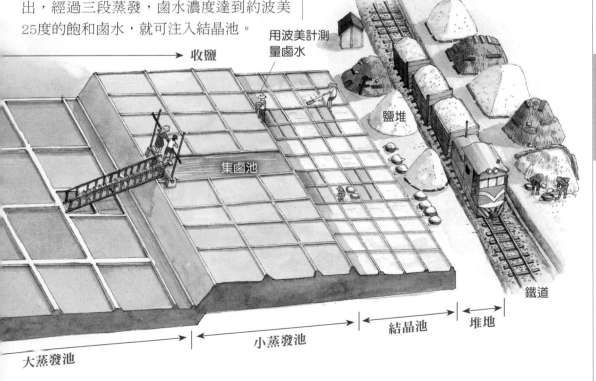

收鹽

用波美計測量鹵水

鹽堆

集鹵池

礦業

鐵道

大蒸發池

小蒸發池

結晶池

堆地

工藝

台北保生文化祭大鼓陣

陶瓷類工藝——剪黏、交阯陶

台灣的陶瓷類傳統工藝以陶瓷器製作、剪黏及交阯陶等工藝最具有特色，陶瓷類的傳統工藝在宗教文化、藝術品及生活器具等方面有非常重要的影響力。

剪黏

匠師先以灰泥塑造出物件的雛形，然後將陶瓷片、玻璃作適當的剪裁，黏貼在上面，構成一幅藝術的作品。這是一種結合泥塑、鑲嵌、剪裁、彩繪等多樣技法的藝術。在傳統廟宇及民宅古蹟，剪黏常常用來模仿製作複雜的交阯陶效果，以較為便捷的工藝製作出色的藝術作品。

▌林洸沂的交阯陶作品—玄天上帝。

▌祥龍剪黏作品。

▌廟宇屋頂常見華麗的剪黏作品。

▌嘉義交阯陶館。

交阯陶

交阯陶是融合了塑造、燒陶、繪畫於一體的藝術，製作過程包括選土、配土、造形、素燒、上釉與釉燒等步驟，是台灣傳統建築中常見的民間工藝，有豐富的色彩變化，內容常為吉祥福慶、神話傳說、民間傳奇或歷史故事，常用在寺廟或傳統民宅裝飾，嘉義是台灣傳統交阯陶工藝的勝地。交阯陶造形方法以雕塑為主，較常使用手捏成形與壓胚成形法。手捏成形基本技法以泥塑的捏、塑、堆、貼、刻、劃六技法交互運用，常見於寺廟裝飾用的半雕作品；壓胚成形常用於限量生產的立體工藝品。

▌交阯陶工藝品。

▌交阯陶上釉。

嘉義的交阯陶

屬於低溫彩釉軟陶的交阯陶，源自於唐三彩，是大陸南方常見的多彩陶器，在清朝，源自廣東嶺南的交阯陶隨著先民渡台，在台灣的寺廟建築上生根茁壯。傳統上，交阯陶的創作題材以人為中心主題，再搭配其他動物、植物設計成精緻的故事作品。交阯陶多設置在寺廟牆堵、屋脊、山牆或照壁上，作品以華麗的小件作品居多。日治時期，出身嘉義的交阯陶一代大師「葉王」—葉麟趾，作品在法國世界博覽會展出，讓世界各國驚艷不已，將交阯陶讚譽為台灣絕技，從此嘉義也成為台灣交阯陶的故鄉。

工藝

陶瓷類工藝—陶瓷

陶瓷

先把陶土加水和成漿，然後注漿到模型做成形體，等它乾燥後經窯燒重新燒製而成，有的作品會施釉、著色彩飾。陶瓷大致可以分為日用生活陶瓷、藝術陶瓷、建築陶瓷、衛生陶瓷、建築陶瓷和工業用陶瓷等，在台北鶯歌、新竹、苗栗各地都有傳統精緻的陶瓷工藝。

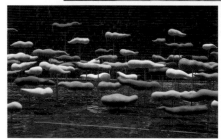

鶯歌陶瓷博物館展品。

鶯歌陶瓷

大漢溪畔的台北鶯歌，地層中蘊藏豐富適合燒陶的大湳土，因此早在清嘉慶年間，來自福建的吳岸等人，就開始以傳統手拉坯和蛇窯柴燒在鶯歌附近燒陶，製造瓦、缸、磚、碗盤等粗陶。民國60年代起，鶯歌引進瓦斯為燃料的梭窯及可達100公尺的快速隧道窯，促使鶯歌窯業走向工業化。鶯歌的陶瓷也從生活陶瓷，進一步跨到衛浴陶瓷、建築陶瓷、仿古藝術陶瓷及工業陶瓷的領域，成為台灣的景德鎮。近年來更有許多陶藝工作室進駐鶯歌，發展出以陶藝家工作室為主的小型專業化精緻陶藝，以觀光燃燒出屬於鶯歌獨有的陶瓷文化。

捏陶步驟

❶開洞處理

❷底部處理

鶯歌陶博館的展示陳列。

鶯歌陶瓷博物館外貌。

鶯歌陶瓷老街

鶯歌陶瓷老街在尖山埔路，是一條具有二百多年歷史的老街，也是鶯歌最具歷史的陶瓷街。從日治時期開始到現在，尖山埔路一直是生活陶瓷、裝飾陶瓷、藝術陶瓷等本土陶瓷的集散地。現在的鶯歌陶瓷老街內除了有展示陶瓷製作的陶藝生活館外，還設有街頭表演區以及咖啡廣場等，已經成為一處融合傳統陶藝和歐式浪漫風格的現代陶瓷藝術街。

鶯歌陶瓷老街。

❸拉高示範

❹拉坯變形

❺拉坯完成

工藝

陶瓷類工藝—窯

窯的故鄉—苗栗

由於多變的地形與多元的燒陶燃料，苗栗是台灣目前保留最多傳統古窯的地方，苗栗多樣的窯爐形式，包括有蛇窯、包仔窯、登窯、四方窯、八卦窯等古窯，幾乎涵蓋台灣所有傳統古窯型式，使苗栗成為窯的故鄉。

蛇窯

蛇窯是因長條型的窯身而得名，蛇窯屬直焰式窯爐，窯內不設隔間，窯身可長達百餘公尺。竹南蛇窯及水里蛇窯是台灣目前最具代表性的傳統蛇窯。

苗栗竹南蛇窯

建造於民國61年的竹南蛇窯是陶師林添福參照中國古龍窯改良建造而成，民國71年左右，蛇窯因為陶業蕭條而停爐。直到民

南投水里蛇窯。

國83年，重新出發的竹南蛇窯，開始生產精緻的手工民俗工藝陶。竹南蛇窯的坏體會因迎火面和背火面燒成不同火痕的陰陽臉，件件作品具有自然渾厚的風格。林添福的兒子林瑞華，更自創保留傳統，再融入現代窯爐優點的化十窯，以不同溫度的柴燒燒出瓜皮、流水、流瀑、冰裂等不同感覺的作品，把柴燒窯帶入一個嶄新的境界。

竹南蛇窯。

南投水里蛇窯

水里蛇窯是南投陶業的代表之一，早期以生產家庭日用陶器為主，尤以生產大水缸為著名。水里蛇窯從民國71年起，開始轉型扮演起文化教育

▌華陶窯的模型。

▌金龍窯老師傅示範拉坯。

的角色，並於民國82年底成立台灣第一座陶藝文化園區─水里蛇窯陶藝文化園區，透過古窯觀光、陶藝教學及現代手工陶藝製作，使古窯新生。

華陶窯是登窯的代表

登窯因由幾個長方形窯室連續排列而成，登窯故又有「目仔窯」、「坎仔窯」的名稱。登窯一般是依山而建，窯體結構通常由燃燒室、窯室、素燒室和煙囪等四部分組成，因窯室分開一間間，裝窯與燒窯可同時進行。主要用於燒製陶器，少數用於燒磚瓦。位於大安溪旁火炎山麓的華陶窯就是傳統柴燒的登窯代表。

金龍窯

位於苗栗西湖的金龍窯，是苗栗著名的窯業世家約100年前，人稱「福州師」的燒陶大師李依伍由福州渡海來台傳授陶藝，後代子孫在苗栗成立了金龍窯，生產酒甕、水缸、花器、生活陶等器具。金龍窯是台灣少數仍沿襲傳統福州式製陶技藝的窯廠，以手工拉坯、手擠坯和拍打法等方式製陶。

公館陶

公館是苗栗的陶藝重鎮，公館的陶土，因含較多鐵質，不適合燒製純白的陶品，所以生產像大水缸、甕、缽、茶具、花盆等日用陶磁製品為主，曾是公賣局酒甕的大基地，在台灣外貿行生的年代，公館的裝飾陶瓷也有過輝煌的成績。

南投陶

南投陶創立於清朝嘉慶年間，最早是利用牛運堀的黏土燒製磚瓦，隨著南投的開發，移民日增，日常生活陶器的需求量隨之增加，到清咸豐年間，南投窯業已頗具規模。日治時期，南投地方官從日本延聘製陶師傅來台教導精緻陶器的技術，同時改進燒窯煉土的設備，使生產機器化，讓南投陶銷售大增，享譽國內外。光復後，南投窯場多移往新街、集集、水里等地，產品由以往的生活陶器，轉化為缸甕、花器，磚瓦為主。現今的南投窯業，以觀光休閒方向重新起步，轉變為以個人工作室為主的陶藝創作，陶藝教室、工作室及社團等如雨後春筍般成立，形成一股新陶文化。

工藝

金工工藝

台灣傳統的生活及宗教上，有許多精緻的金
工工藝，如用銅鐵打造精緻刀具、用金、銀
或錫雕刻鑄造宗教的法器或神像等。

▌鹿港陳萬能錫藝作品--布袋和尚。

錫器

錫是一種價格低廉、質地堅韌、熔點低的
金屬，常被用來作為日用品和宗教祭祀用
的法器，如天公爐、燭臺、祝壺、祝杯、
錫盤等。

錫器的製作

錫器的製作全憑雙手敲打，所以又稱為打
錫，類似現代的板金技術。打錫大多以石
模、銅模或鐵模灌鑄胎體，再經冷鍛、針
花、雕錫等方法塑型。通常經過冷鍛後的
錫器，還要加以焊接組合，一般宗教用的
法器，還會使用不反光的粉漆來上與貼金
箔，以顯示吉祥的意義。

鹿港錫器

台灣的錫器工藝是清朝時隨著移民，從福
建、廣東傳進來，早期在台南、嘉義和鹿
港等地的聚落中，都有傳統的打錫街。錫
器常用來作為宗教的法器，當時鹿港廟宇
林立、各種法會祭祠用的天公爐、燭台、
祝壺、祝杯、錫盤等錫器需求很大，把錫
藝業推向高峰。清朝時期鹿港的車路口
是台灣錫器集散地、錫舖曾達6、70家之
多，順元興、合春、再興、協春等商號都
是當時享譽全台的錫店。日治時期日本人
推動皇民化運動，嚴格限制台灣的民間信
仰，鹿港的錫器業就逐漸式微消失。

錫藝工業的更新

目前在鹿港龍山寺附近，由陳萬能創
立的萬能錫藝，是鹿港少數僅存的
錫器老店，原本以製作宗教器具為
主，近年來以錫藝創作帶動錫藝
發展，將錫器由宗教用具改向
藝術創作，為台灣的錫藝工
業走出一條新路。

▌陳萬能的錫器作品。

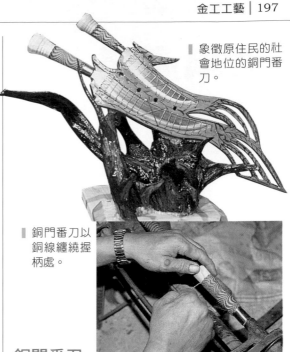

▌象徵原住民的社會地位的銅門番刀。

▌手工打造的士林名刀。

▌士林名刀刀柄以牛角包銅片狀如茄子。

▌銅門番刀以銅線纏繞握柄處。

手工打造的士林名刀

士林名刀原名為八芝蘭刀，是同治9年（1870）郭合創立的。早期士林名刀是以白鐵包鋼的刀身如竹葉形，刀柄以牛角包銅片狀如茄子形，所以又稱為「茄柄竹葉刀」。士林刀鋒利異常、耐磨耐用、刀刃可折收，攜帶方便，牛角包銅片的手柄，觸感細緻、拿握順手，整把刀造形優美幾近藝術品。士林名刀在日治時期屢獲大獎，是早期剝竹筍、採檳榔、剃豬毛、園藝插花、補漁網、紡織割紗線等工作上，不可或缺的利器。目前尚有郭合後代所開的「郭合記」及郭合徒弟後代所開的「士林名刀」兩家店，依然維持手工打造，但已改良用鎢鋼取代白鐵，來提高刀子的韌性和強度。

銅門番刀

「番刀」除了象徵原住民的社會地位及英勇威猛外，更是原住民不可或缺的生活工具。花蓮縣秀林鄉銅門村所製的「番刀」，除了鋒利、耐用外，其刀鞘設計為單面結構，刀鞘以一片木頭構成，另一邊鏤空，其間以鐵絲或小鐵條牢牢釘住；握柄處則多以銅線纏繞，握起來既舒適又具有防滑、防潮的功能。

▌排灣族配刀。

玻璃產業

玻璃具有可塑性強、透光性佳、質地堅硬和價格低廉等優點，是用途廣泛的人造材料之一。除了日常必需的民生用品之外，玻璃晶瑩剔透的質感，更是工藝及藝術領域的良好素材。一般玻璃為矽酸鹽玻璃，生產原料主要來自富含二氧化矽的矽砂，在熔煉的過程，需要仰賴瓦斯等高溫的熱能燃料，由於新竹地同時蘊藏有豐富的二氧化矽與瓦斯，就發展為玻璃工廠的集中地。

曾經是聖誕燈泡輸出王國

民國50年至70年間，台灣以新竹為生產基地，成為聖誕燈泡和玻璃飾品的輸出王國。由於聖誕燈泡和玻璃飾品僅需少量資本即可設廠，所以當時小型規模的工藝玻璃工廠紛紛成立，製造聖誕樹吊飾、紙鎮、風鈴、珠寶盒、相框、燈泡、花瓶、仿寶石玻璃等小件擺飾藝。現在新竹的玻璃工藝品，大量生產的玻璃製品已無優勢，許多業者把工廠改為個人工作室型態，以精緻化的經營策略，積極創造具有個人特色的工藝藝術品。

玻璃的吹製法

吹製法與鑄造法是玻璃工藝中的兩大技法。吹製法是將玻璃矽砂原料放入坩堝，加溫至1300℃將矽砂熔成膏狀後，再用不銹鋼的吹管撈起，進行吹氣，吹氣過程中需不斷加熱，使玻璃保持軟化狀態，並持繼轉動吹管並以濕報紙塑形，在塑形的同時添加金箔或色塊來增加顏色變化。吹氣之後，在吹管與玻璃之間夾出凹痕進行縮口，並沾取少量玻璃膏接上底座，再於瓦斯爐上燒熔、修飾瓶口；敲卜作品之後，放至徐冷爐降至室溫即完成。

玻璃工藝大師黃安福示範創作。

琉園吹玻璃示範。

玻璃作品。

琉園水晶作品。

玻璃的鑄造法

鑄造法則是用石膏製成所需的模型,將玻璃原料與空模子同時放入爐內加溫,在高溫下玻璃漸漸流入石膏模內而成形,放入徐冷爐中降至室溫,拆除石膏模取出成品,再進行研磨拋光等表面加工即完成。

琉璃藝術

近年來,台灣有許多藝術家投入玻璃藝術的創作,其中以琉璃工房與琉園兩間琉璃工作室為經典代表,他們的創新,開啟了華人世界琉璃藝術的新世界。琉璃工房是影后楊惠姍與導演張毅創立的琉璃工作室,琉園則是當年一起創始琉璃工房的合夥人王俠軍另行設立的工作室,兩個工作室都採用琉璃脫蠟鑄造的工藝方法創作,這個技法類似時傳的中國商周的脫蠟鑄造青銅,具有鑄品精緻、紋飾清晰、工藝靈活,適應性強等特點,可以製成非常複雜的藝術造形,促成了台灣在水晶玻璃脫蠟鑄造技法上的傑出成就。

排灣族的琉璃珠

排灣族人將外觀像蜻蜓眼睛的琉璃珠視為傳家珍寶,除了象徵身分外,還具有趨吉避凶、祈福護身的意義。排灣族製作琉璃珠的工具相當簡單,只需要玻璃棒、高溫火束、耐熱棒以及耐熱土,其作法利用高溫火束將玻璃棒燒融軟化後,然後把融化之玻璃沾於耐熱棒上,並於磨石上滾動成形,作為珠底材料,再依所要之花紋,將琉璃細絲綴於素面琉璃珠上彩繪,等冷卻後剝下即完成。

排灣陶壺上的琉璃珠。

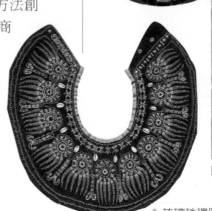

琉璃珠製作。

琉璃珠環圈。

編織工藝

台灣的傳統編織工藝較為出色的
有一般生活器具的竹編、草編，
及原住民的編織等。

▌草帽。

▌草帽模。

草編

草編源自於平埔族道卡斯族的藺草編織，
清代的大甲、苑裡、通霄等地婦女都會這
項技藝。日治時期苑裡婦人洪鴦創新藺草
編織，如草帽、草蓆等，並於當地廣為教
導，大甲的藺草草蓆是外銷不錯的台灣特
產之一。

早期的草編工藝產品材料以天然纖維為
主，包括椰子葉、蒲葵、稻草、大甲藺
草、苧麻、月桃等。傳統的草編流程包括
編製、紮扣、縫拼、穿插、纏繞、分割、
染繪等步驟。

▌草蓆。

原住民鮮艷的織布工藝

原住民的編織工藝可分為女子的織布和男
子的編器，賽夏族和泰雅族都會以苧麻為
材料織布。

織布的工具，是一種腰式水平織機，有背
帶置於織者背部以拉直經線的移動式水平
織編，南庄的賽夏人與泰雅人，擅長夾織
法，在編織過程中，以白色麻線為經線，
插入有色線為緯線，夾織出三角形紋、菱
形紋、方格紋、Z形紋、幾何形紋等圖形

▌早期婦女編織草帽。

▌大甲婦女草編教學。

▌賽夏族鮮艷的織布工藝。

傳統的竹編家具。

蓬萊工作坊潘三妹的竹器工藝作品。

變化。布的顏色，以白、紅、黑三個顏色為主。

目前的原住民編織工藝，在瓦祿工作坊、古優工作坊和石壁染織工作坊等新一代工藝家的努力下，除了傳承服飾、被單、披肩的編織外，也開發出眼鏡袋、手機袋、面紙套、零錢包等現代的實用小品，賦與了傳統技藝新的生命。

南投竹藝博物館的展示陳列。

賽夏竹籐編織

南庄山區氣候溫暖濕潤，特別適合桂竹與黃籐的生長，賽夏人就在日常生活中大量使用竹籐所編的器具，賽夏族竹籐編織基本編織手法有三角編、十字編、方格編、斜紋編、穿孔六角編，以及難度較高的單螺旋卷編法等；所使用的材料除桂竹與黃籐外，還有柳葉、月桃、麻等輔助材料；編織出的器具有背簍、魚籠、煙草袋、濾酒器、盛籃、背帶、籐帽、月桃蓆、麻織漁網，以及矮靈祭時使用的臀鈴等。

竹藝品。

賽夏族臀鈴。

竹山的竹編工藝

日本昭和11年（1936）日本台灣總督府在竹山設立竹山郡竹材工藝傳習所，讓當地的青少年學習竹材加工技術與編織技藝，讓竹山的竹編製品，由實用、平價的階段，開始走向竹編藝術創作的發展道路。太平洋戰爭爆發後，竹山竹編工藝轉而生產日軍使用的竹編行李箱。光復初期，由於竹編製品原料取得容易、價格低廉，竹山竹編業大為興盛。

民國60年代政府在竹山地區積極培育竹藝產業的人才，並成立竹山加工區，成功打開竹編製品的外銷市場，讓竹山躍居為全國最大的竹器生產區。目前竹山的傳統手工竹子編織業，已從日用器具轉為做工精細，強調細緻化、個性化的藝術作品及竹雕品。

工藝

家具故鄉—大溪

大溪家具的起源

清朝中葉林本源家族為避泉漳械鬥，自新莊遷居大溪，帶動了大溪的發展，再加上位居淡水河內陸航運終點的優勢，讓大溪一躍成為淡水河重要河港，市街極為繁榮，因此豪宅和華麗家具的需求大增，於是林本源家族引進的木工師傅紛紛在大溪落籍，並授徒傳藝，為大溪家具業奠下良好的基礎。素有家具故鄉之稱的大溪，自清代以來一直是台灣生產和展售木器家具的重鎮。

手工精緻、造形藝術化的大溪家具。

大溪家具的材質

大溪濱臨大漢溪畔，昔日上游復興鄉一帶山區提供豐富的檜木、梢楠、烏心石等高級木材，原木砍伐後可順流而下到大溪，家具原料不虞匱乏，並因緊鄰大台北地區，方便買家來此選購家具。

大溪老街家具行。

大溪家具的特色

大溪家具之所以能歷久不衰，執台灣木器家具業的牛耳，除了材質極佳之外，雕工與漆藝也非常細緻、精美，承襲著明代家具靜穆高雅的氣質；再加上匠心巧思代代發揚，使得大溪家具早已超越單純的實用性質，進而兼具藝術價值，故能在西洋家具風行的今天，依然獨樹一格。

大溪家具行的陳列眾多木桌。

桃園市政府文化局中國家具博物館

文建會（今文化部）與桃園市政府為了傳承與振興大溪家具，特地於桃園市立文化中心地下室設立中國家具博物館，占地約300餘坪的展示空間，分為二個展示室。

第一展示室採蘇州庭園式的空間設計，以排列比較方式展出「中國傳統家具」及「大溪木器家具」，共有釋名、家具發展史略、古畫與建築中的家具、匠人祖師、傳統家具的特色、家具製作概況等展出主題。

第二展示室則採用台灣早期民居之建築意象，以情境造景之方式展示「台灣傳統家具」，共有門口埕、灶腳間、飯廳、書齋、祖先廳、臥房等展示空間，再配合柔和的燈光，讓參觀者在古典雅致的氣氛中，瞭解傳統木作家具的發展源流、功能、技術，進而對大溪家具業作一番回顧與展望。

工藝

木雕

三義鄉是苗栗縣南端的一個小山城，海拔高度約為400
公尺左右，有土質屬酸性高的黏土，在清乾隆以前是一
片廣闊的樟樹原始林，樟腦產量曾一度是全台第一。砍
伐樟樹所遺留下的樹根，只要稍加磨平、磨光、上漆，
即可成為人人愛不釋手的木雕藝品。

▍三義木雕博物館。

三義的木雕起源

三義的木雕起始於日治時期，三義鄉民吳
進寶以木雕作品與日本人江崎合夥成立東
達物產，從事天然奇木的雕刻加工事業，
大量生產珍奇異木出售與外銷，正式開
啟三義木雕的歷史。經過幾代三義人的努
力，三義經營木雕的業者多達1、200家，
三義木雕城的名號，也隨著木雕藝品，而
馳名中外。

▍三義的木雕街水美街。

三義木雕街

早期三義木雕多以神像、工藝品為主，近
年來，因國民所得提高，藝術人口增加，
純木雕藝術作品受大眾喜愛，所以個人風
格的藝術創作風氣大開，再為三義木雕業
注入一股新活力。在三義沿
著水美街、伯公坑、中正
路和神雕村，形成三義
木雕店家、工作
室集中的木雕
專業區。

▍木雕作品—
達摩。

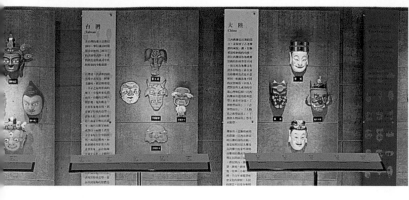

鹿港的神轎雕刻。

三義木雕博物館

神雕村位於三義鄉廣聲新城社區,木雕博物館就座落於神雕村,木雕博物館典藏許多古今中外與台灣當代木雕家的木雕作品,參觀者可以藉此透窺木雕的奧祕。神雕村景色迷人、民風純樸、藝術氣息濃厚,吸引了不少木雕藝術創作工作者進駐從事木雕創作,近年來陶藝創作也很盛行。遊客在此可觀賞到雕刻家現場創作,是三義一處兼具觀光與藝術氣息的新社區。

鹿港木作雕刻

除了三義,鹿港木雕也是台灣的特色工藝,鹿港木雕歷經百餘年的發展,鎮內木雕工作室、神案、佛具和木器家具店舖林立,是台灣傳統木雕業的重鎮。鹿港木雕工藝萌芽於日常生活與信仰所需,但生產木雕所需的原木材料需要從外地進來。鹿港木雕業多為家傳事業,遵守嚴格的師徒制,因此有許多百年老店。鹿港的木雕在寺廟木作、建築構件裝飾、神像雕刻、神轎製作以及木器家具都有很高的水準。

黃媽慶木雕示範。

三義木雕博物館。

黃媽慶木雕作品—清白。

工藝

傳統彩繪

古代台灣的廟宇是地方民眾集會、信仰的中心，也是傳統文化、藝術的重地。廟宇裡常見許多畫工精美的壁畫作品，這些繪上目蓮救母、三十六將官、舜耕歷山、臥冰求鯉、武侯奉表、渭水求賢等歷史故事、民間傳奇，以及花鳥走獸、傳統山水等內容的壁畫與樑枋畫，建構了台灣傳統彩繪藝術的精髓。廟宇興盛的台南是傳統彩繪的重鎮。

傳統彩繪的技法

彩繪一般分為「傳統彩繪」與「擂金畫法」兩種。傳統彩繪先塗以白色作為底色，再用黑墨描繪出圖案輪廓，然後繪上五彩顏色。擂金畫法則是先把樑木或牆壁漆以黑底，再以墨汁勾出圖案輪廓，並用金箔勾線嵌邊，再繪上顏色，整個壁畫以黑色和金色為主。擂金畫法由於需用金箔勾線嵌邊，所以雖較為費時，但色彩對比強烈、也較具持久性。

傳統彩繪的傳承

台南傳統彩繪的傳承，大多為父子相承、親戚關係或是師徒制，在台南的彩繪畫師，分為兩派，一派以潘麗水家族為主，另一派以人稱「祿仔仙」的陳玉峰為主，兩派各有不同的師承系統，在台灣寺廟彩繪中各占有一席之地。

潘麗水一派的傳統彩繪

潘麗水一派的畫風，人像具有飽滿圓渾的臉龐，顯現祥和沈靜的氣度。民國82年潘麗水榮獲教育部民族藝師薪傳獎，成為台灣傳統彩繪上，第一位獲此殊榮的彩繪藝師。潘岳雄是潘家的第三代傳人，他的作品分布在台南的風神廟、開隆宮、三山國王廟、鹿耳門天后宮等。除了壁堵彩繪外，潘岳雄也從事民間俗稱「尪仔鏡」的廟宇玻璃彩繪。

▌潘岳雄的傳統彩繪作品。

▌潘岳雄的彩繪。

▌彩繪門神。

▌陳壽彝的彩繪門神。

陳玉峰一派的傳統彩繪

人稱「祿仔仙」的陳玉峰，作品遍及全台灣，其中台南的大天后宮與陳德聚堂的壁堵彩繪，可說是陳玉峰的代表作。陳玉峰的外甥蔡草如受過正式西方繪畫訓練，又有陳玉峰習傳統國畫的傳承，他的廟宇彩繪，不論佛像、門神、山水花鳥，皆自成一格。陳玉峰的兒子陳壽彝，得其父親真傳，彩繪作品色彩較濃麗，卻不流於俗艷，在台南的孔廟、興濟宮、大天后宮等廟宇，都有他不少精采的作品。

工
藝

漆器

漆器是一項古老傳統工藝，是保護器物與裝飾器物的化妝術，也是利用天然漆特性，使器物更美麗更堅固。天然漆具有溫潤內斂的色澤，經過精緻的漆藝技法，使得漆器可以顯出特殊的璀璨古韻之美。

▌漆器。

漆器的用途

早期台灣民間使用的精緻漆器，大多從福建進口。台灣民間使用漆器的範圍相當廣泛，如傳統的神佛像彩繪、貼金、建築髹飾、紅眠床、櫥櫃、桌椅、臉盆架、梳妝台、禮籃、謝籃、茶盤、果盒、珠寶盒、文具盒等。

日治時期的蓬萊塗

日治時期，日本人在台灣廣植漆樹，促使了台灣的漆器蓬勃發展。日本大正5年（1916）日本漆藝家山中公，在台中開設山中工藝美術漆器製作所，工廠內除日本籍師傅、沖繩師傅外，亦聘請多位來自唐山的福州師傅，產品以日常生活用品為主，大多是各種尺寸的圓盤、方盤、花瓶、煙盒、硯盒及家具等，種類繁多。

山中工藝美術漆器製作所應用雕刻、鑲嵌、彩繪磨顯等技法，表現富有台灣風味的日式漆器，被通稱為蓬萊塗漆器，曾為當時台灣相當重要的產業觀光宣傳產品。

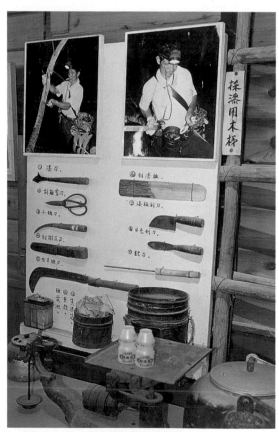
▌埔里的台灣天然漆博物館展出採漆工具。

▌台中漆藝館的漆樹。

台中的台灣七文化博物館展出的漆器作品。

光復後台灣的漆藝發展

光復初期，常見的塗漆產品是家具、禮籃、謝籃、茶盤、煙盒等生活習俗用品。後來日本國內工資高漲，漆器材料缺乏，台灣的漆器開始外銷日本，民國70至75年的全盛時期，全台從事漆器生產的工廠約有3、40家，由於豐原是大雪山木材的主要集散地，當時90%以上的漆器工廠都位於台中豐原地區，到民國80年代，台灣的漆器產業逐漸轉移到中國大陸與越南而趨沒落。

漆器製作

漆器製作的程序，分為製胎與塗裝兩個步驟。製胎是漆器製作之前，預先以木器、竹器或銅器，作為塗裝時的內胎，再利用夾苧技法將生漆與棉布層層相疊形成堅硬胎體，再經刮灰、髹法、加飾打磨推光而成，展現出脫胎漆器質地輕巧、耐用、造形多變的特點。胎體完成後，便可以進行漆藝的塗裝工作，並以雕漆、雕填和鑲嵌等三種方式做裝飾。雕漆是指在漆質乾硬以後，於表面上進行刻花的裝飾工作；雕填則是先將不同配色的圖案刻除，然後填上其他顏色；至於鑲嵌則是在漆面上附貼不同的材質。

龍南天然漆的漆瓶作品。

工藝

刺繡藝術

傳統的刺繡，運用細細的彩線、金線，以約一寸長的繡花針縫織出龍、鳳、麒麟、花、鳥圖案，刺繡的過程不但手要巧、心要細，還需具有藝術的美感，台灣早期的刺繡，主要是受閩繡影響，刺繡作品多運用於結婚、祭典、新屋落成等慶典場合之中的八仙綵與桌裙，熱鬧的廟會上神明所穿神衣和繞境頭旗，傳統戲曲的戲服、傀儡戲服等。

台灣刺繡的特色

早年台灣刺繡泛稱為綵繡，包含刺繡與剪綵拼布。刺繡是在織品上描繪好圖樣，再以各種針法及金銀彩線，繡上圖稿所需的顏色及輪廓；剪綵拼布則是先選擇布的質料與顏色，接著以細針手工縫綴成圖案。這兩種手藝一般會交互運用、配合，讓作品圖案呈現出高低起伏的立體感。刺繡作品的特色，在於要盡量表現出顯目炫麗，充滿喜氣吉祥，故用色較為大膽強烈、色彩鮮艷，以紅、藍等各色為主，常繡有龍、麒麟、福祿壽三仙的圖樣，具有濃厚的民俗味道。

許陳春的立體刺繡

鹿港巧昕立體繡的許陳春，將許多花燈製作技巧，運用於刺繡之上，進行立體刺繡的創作，以傳統刺繡技法為基礎，經由巧意賦予繡品立體造形，更運用多元的工藝技巧，使作品多元活潑，如十二生肖、肚兜、動物等都成了刺繡創作的主題。許陳春運用繡線、布及針為媒材，以特殊的技法，讓八仙立體化，使八仙綵更形出色。許陳春也將刺繡運用於應節的端午香包上，使得香包造形更加多彩多姿。

龍。

麒麟。

獅。

三仙。

鶴。

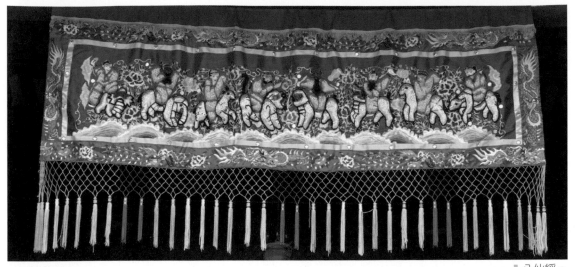

■ 八仙綵。

元成繡莊與金官繡莊

隨著社會環境的改變，許多地方都以機器來取代傳統手工刺繡，但是在號稱台灣歌仔戲搖籃的宜蘭，還有默默堅持以手工方式刺繡的繡莊。位在宜蘭壯圍的元成繡莊與宜蘭市的金官繡莊，就是台灣少數秉持手工刺繡的繡莊。元成繡莊以神衣刺繡起家，也擅長於傀儡戲服、宮燈、繡旗的刺繡，所繡的人物、蟠龍圖案，都非常的生動。金官繡莊以手工細膩精緻聞名，八仙長綵、桌裙、歌仔戲服和大神尪的神衣等民俗戲曲的衣物，都是金官繡莊的拿手絕活，產品享譽全台。

■ 手工方式刺繡。

■ 許陳春的立體祥龍刺繡。

工藝

文房三寶

中國文字的美感，透過書法表現得淋漓盡致，自古文人都離不開文房四寶，明清以後漢人移民台灣，把筆、墨、紙、硯文房四寶的傳統工藝技術也帶進了台灣，目前鹿港的新文益筆墨莊、台北三重的大有製墨廠、濁水溪沿岸二水、名間、水里的螺溪硯等仍然保留了這些精美的傳統工藝。

毛筆的製作

毛筆是用狼、兔、羊等動物的毛做筆。製作過程繁複，要經過選取毫料、泡生石灰水、齊毛鋒、裁尺寸、配毛料、梳整毛片、挑毛片、捲筆柱、包筆被、紮筆頭、上筆桿、定形、刻字等十多個步驟才能完成，好的筆必須完全仰賴手工。由於筆尖柔軟，書寫者可以控制筆畫粗細與波折，形成中國文字特有的書法藝術。

鹿港的新文益筆墨莊

鹿港三民路的新文益筆墨莊，是原籍福建安溪的張金塗，將福建老家數百年歷史的老店經驗帶來台灣發展的傳統筆墨莊。新文益筆墨莊仍以老師傅之手藝，使用不加化學纖維的純毛料，以各種動物毛質之原性，表現不同毛筆之風格。

筆管
(筆桿)

筆毛
(筆蕊)

墨

文房四寶之一，為印刷與書寫所不可缺少，常用的墨有「油煙」與「松煙」兩種。油煙墨是由桐油燒出的墨製成，一般多用於繪畫；松煙墨是由松枝燒煙製成，墨色黑而無光澤，宜作書寫。台北三重的大有製墨廠是目前仍保留傳統手工製墨技藝的老店。

大大小小的各種毛筆。

┃大有製墨廠的手工墨。

┃大有製墨廠製墨模型工具。

傳統手工製墨流程

傳統手工製墨時首先將牛皮膠煮開，約一個多小時後，加入松香、麝香、玻瑰，攪拌成軟塊狀，煮膠期間要控制水分蒸發程度使原料正確結膠。調製好的墨塊，利用模型壓成形後，等待冷卻後將模型解開，一塊墨條就初步完成了。初成形的墨條還要修邊，然後經過25天風乾，再描上金字，才大功告成，整個製墨過程非常辛苦。

硯台

硯台通常用石頭做成，用來磨墨。石材若堅硬如鐵，吸水率低，可以長時間貯水而不乾，則是絕佳的製硯石材。而台灣濁水溪的螺溪石則恰巧是作硯台的好石材，進一步變成「螺溪硯」。

┃硯雕大師董壬申的龍端瑞硯作品。

墨海
(墨池)

墨堂

濁水溪硯的優點

在台灣中部的濁水溪石塊，溪石結構粒子細如粉末，結合密實，堅硬如鐵，

┃螺溪石硯。

相當耐磨，吸水率又低，能長時間貯水而不乾，是絕佳的製硯石材，以濁水溪石材琢磨而成的硯，稱為螺溪硯，其細緻溫潤的質感絕對不亞於端硯、歙硯等名硯。時至今日，濁水溪沿岸的二水、名間、水里等鄉鎮，成為螺溪硯的主要生產地。螺溪石硯的最大特色是原石雕琢、造形獨特自然，雕刻石硯的師傅，從溪谷河床撿拾天然原石後，依其原石原貌，分別利用粗、細磨刀石、細砂紙、水砂紙將鑿痕、凹凸磨平，將原石雕琢成適當造形，所以每方硯台均能留下其天然石皮，於是一方貯水不乾、發墨性優良，又能兼具天然拙樸美感的「螺溪硯」，就在師傅的巧手中產生。

工藝

油紙傘、毫芒雕刻、匏雕

美濃油紙傘

油紙傘原本是美濃地區客家人出門時遮陽擋雨的工具，但由於紙與子諧音，所以男孩16歲成年禮時及女兒出嫁時，父母都會贈與一對紙傘，祝福兒子、女兒一生吉祥、婚姻美滿、多子多孫。近代便宜耐用洋傘，原本逐漸取代了油紙傘，讓美濃油紙傘一度瀕臨失傳，但是民國70年代以後，觀光旅遊的風氣幫助美濃油紙傘成為遊客喜於收藏的精美藝品，重新燃起復甦的契機。

油紙傘的製作過程

一般油紙傘的傘骨以孟宗竹製成、傘柄以箭竹為材料、用棉紙做傘面，在棉紙上塗上桐油後，就達到防水的功能，而傘頭則用棉布製成。製作過程包含有削傘骨、繞線、裱紙、上柿子水、收傘、曬傘、繪傘面、裝傘柄、上桐油、釘布頭、纏柄，最後穿內線，過程相當繁複，且完全以手工製作，每個熟練工人一天才平均製二把紙傘。現今紙傘多將傘面加以彩繪，更增添收藏價值。

上膠。

糊紙。

上油。

綁線。

毫芒雕刻

「毫」與「芒」二者都是指極為細微的東西，毫芒雕是指將文字、圖案、國畫山水，刻寫在頭髮、米粒、細線、牙籤、小紙片等極細小的物體上，毫芒藝術可分為微雕、微刻、微書、微畫、微塑五種技法，參觀者必須借助高倍放大鏡才能一窺微妙之處。

陳逢顯的毫芒雕刻。

不到一公分見方的微小書《唐詩三百首》。

陳逢顯的毫芒雕刻

位於新店安康路上的陳逢顯毫芒雕刻館，為私人展示館，珍藏了陳逢顯百餘件的毫芒作品，包括石頭、木頭、竹、棉、石、砂、麵條等創作素材外，甚至有以蒼蠅、蜻蜓的翅膀、螞蟻的頭、一粒灰塵創作，幾乎每件作品都要透過15倍的放大鏡，才得以一窺其中的微妙之處。尤其陳逢顯的8部不到一公分見方的微小書，寫滿《唐詩三百首》、及英文版《白雪公主》等世界名著，每本微小書均榮登金氏世界紀錄。

匏雕

匏瓜與葫蘆瓜不僅是餐桌上常見的菜餚，更由於葫蘆音與「福祿」相似，因此傳統上大家對於葫蘆，總有著特殊的喜愛。匏雕是把採收下來的葫蘆瓜削皮、晒乾、掏空、藥水浸泡、晒乾，然後就依照外觀來設計、雕刻出吉利討喜的飾品。

張家農的葫蘆工藝

嘉義民雄的張家農利用葫蘆刻出許多動人的山水字畫，讓原本不起眼的葫蘆，化身成令人愛不釋手的藝術品，賦予葫蘆另類生命。張家農的葫蘆展示館，陳列了各種葫蘆創作品，包括有陰雕、陽雕、烙燒、彩繪、立體造形等各項雕刻技法；揮灑自如的書法，以及生動的雕刻，搭配上造形多變的葫蘆，成為一種全新的藝術風格。

 匏雕。

張家農的葫蘆展示館。

手工棉被

早期台灣的棉被都是手工打造的，離鄉遠行的遊子、新婚的夫妻，多半會彈製一床新棉被，象徵開始迎向嶄新的人生。手工打造的棉被，往往代表父母或親人的祝福。

慢工細活的手工製被

清朝時期，手工製被的技藝隨著福建、廣東一帶的移民引進台灣，經年累月後在台南的將軍、高雄的梓官、彰化的和美及新竹的新豐等地逐漸形成頗具規模的產業聚落。

手工彈製棉被步驟圖

手工製被的過程

彈製棉被首先須將一團團的棉花分成數堆，接著背起彈棉弓，用木槌敲打弓弦，利用弓弦的抖動將棉花彈打蓬鬆，接著把蓬鬆的棉花分層鋪在工作床上，再次敲打彈棉弓使棉花更密合蓬鬆，並用竹篩輕輕壓住棉花，減少棉絮飛揚；然後再以十字交錯的方式將紗線猶如蜘蛛結網般的包覆住棉花；再用掄斗加壓輕磨，揉合紗線和棉花，使棉花被紗線固定住；最後再套上被單，就完成一床棉被。

1 開棉

師傅在褲子後面插一根竹竿，竹竿前端有一條垂線綁在彈棉弓上，以減緩用木槌敲打弓弦時的彈力，使弓弦能平均施力，彈出蓬鬆均勻的棉花。

2 壓篩

將彈打蓬鬆的棉花層層鋪在工作床上，再用竹篩輕壓住棉花，以減少棉絮飛揚。

版畫中的早期彈棉被圖。

論斤製造的手工棉被

手工彈製的棉被採取台斤計價，單人被大約重4 台斤或6 台斤，雙人被有8台斤、10 台斤或12 台斤幾種。棉被的厚重決定了買賣的價格。彈製一床棉被約需6 、7 個小時。過去棉被好壞取決於師傅彈製棉被的功力和棉花品質優劣兩個條件，現在是用開棉機機械生產，棉被品質穩定，棉花原料品質成為棉被好壞的關鍵，傳統棉被店因為機械化生產取代而逐漸消逝中。

3 牽紗

兩人對立以十字交錯的方式在棉花上牽引紗線，把棉花兩面都包住。

4 搵紗

以搵斗加壓輕磨，揉合紗線和棉花，固定棉花在紗線上。再套上被單，就完成一床棉被。

工藝

銅鑼

在古早的歲月裡，鑼鼓是廟會活動裡集結人氣的工具及戲曲裡熱鬧的伴奏、鑼聲也是迎娶新娘的前導，鼓聲則是廟宇陣頭裡的先鋒。在傳統的民間生活中，鑼鼓都曾扮演著重要的角色。

▌大鑼。

林午銅鑼

日治時代以前，台灣戲班或音樂社團所使用的鑼，大都直接從大陸進口，島內一直都缺乏製作鑼的匠師。光復後，鐵工師傅林午購買了當時戲班拋售的大陸製小鐵鑼加以研究，打造出音色超越大陸製小鐵鑼的成品，後來又嘗試改用拆船的舊銅，製成音色優美響亮的銅鑼。隨著光復後傳統戲曲活絡，林午的銅鑼也在市面引起廣大迴響，傳統製鑼技藝也才在台灣接續下去，目前林午銅鑼仍佔有了台灣戲曲界銅鑼大部分的市場。

鑼的結構

鑼是由鑼面、鑼肚、鑼臍和鑼邊所構成，有的鑼沒有鑼臍，如馬鑼、餅鑼及京劇中的大小鑼，有鑼臍的則以銅鐘鑼為代表，銅鐘鑼在製作時較費工，但最能展現匠師的手藝。

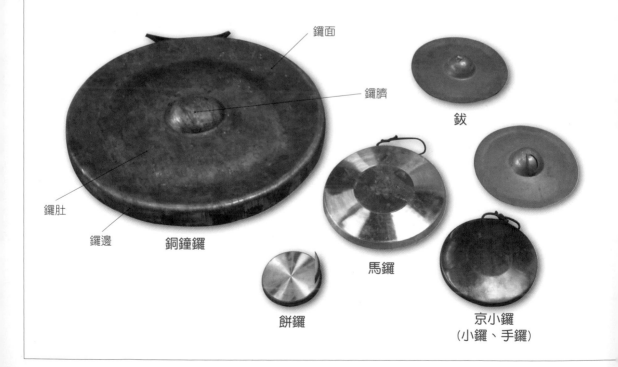

鑼面

鑼臍

鈸

鑼肚

鑼邊　銅鐘鑼

馬鑼

餅鑼

京小鑼
（小鑼、手鑼）

銅鑼的製作步驟圖

1 裁鑼邊

先用生銅板裁出扇形的鑼邊，鑼邊的外緣直徑小於內緣，外緣厚度大於內緣，以增強共鳴度及銅邊耐震度。

2 做鑼邊

多人合作，其中有人將鑼邊固定及轉向，另一人則用重鐵錘，經過數千下落點平均的錘打，打造堅硬、密實的鑼邊。

3 裁鑼面

以特製圓規畫出鑼面和鑼臍，再以鍘刀裁切下。

4 做鑼面

將鑼面放在挖有圓形凹洞的木頭上，其中一人負責將鑼面固定，另一人用重的鐵錘不斷錘打鑼面和鑼臍，使其密度、硬度更高。

5 焊接鑼面和鑼邊

將青銅條沾硼砂去除雜質後，再將鑼面、鑼邊焊接起來，並打磨使其光滑。

6 調音

依客戶要求錘打調整出令其滿意的音色。

工藝

鼓

台灣製鼓技藝源自大陸，一般常見有大鼓、小鼓、獅鼓、龍鼓、廟鼓、陣鼓、誦經鼓。小鼓又有八角鼓、小堂鼓、手鼓、南鼓、腰鼓、戰鼓等類型。大鼓常見於鑼鼓樂隊；獅鼓、龍鼓、陣鼓分別使用於舞龍、舞獅及廟會陣頭等慶典活動；廟鼓和誦經鼓，前者懸掛於廟宇，後者於誦經及法會時使用，音調較廟鼓高。

▌廟會中的戰鼓演出。

製出好鼓的訣竅

鼓的結構可分為鼓膜和鼓身兩大部分，製作過程分為鼓身、鼓膜及繃鼓三個階段，傳統製鼓從紮鼓身到上漆完成整個鼓的製作過程，大約需要4天的時間，鼓膜繃得好壞，會直接影響音色的呈現，所以要不斷試音、調整千斤頂力道，才能把鼓膜繃好。鼓皮的材料牛皮各部位的彈性都不同，其中背部的皮較硬，肚腹的皮則柔軟，大尺寸的鼓，可能用到不同部位的牛皮，因此削牛皮內面脂肪的技巧及繃鼓時正確施力，使整個不同皮質的鼓膜均勻繃圓，都是關係著音色優異的細節。

▌廟鼓。

鼓的製造流程

1 紮鼓身

把質地堅硬的台灣楠木裁片，再刨成外寬內窄的彎木片，再由多人合力，用鐵圈將數片彎木片紮成緊密的鼓身。

3 修飾鼓身

鼓身用圓規畫出正確的弧度，進行刨除修圓。

2 進行乾燥

進行約一星期的燻烤使鼓身乾燥，以防止日後蟲蛀、變形及斷裂。

4 除毛及削脂

把裁剪好的生牛皮，放入熱水中浸泡後，進行除毛及牛皮內面的削脂，把牛皮削成約1公分厚且中間薄四周厚的皮，然後在牛皮周圍打洞。

5 鼓膜乾燥及成型

將已打洞的牛皮放在鼓身上，用釘子固定，使鼓膜成型及進行表面乾燥，然後再將鼓膜卸下，翻面進行內部乾燥。

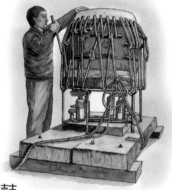

6 繃鼓

將已曬乾的鼓膜穿上繩索，並綁上短木棒及千斤頂，然後搖動千斤頂使鼓膜緊繃，並不斷用敲打使其柔韌，作業期間要不斷試音、不斷調整千斤頂的力量。

7 釘鐵釘及去邊

當擂出滿意的鼓聲後，就用釘鐵釘固鼓膜，再將多餘的鼓膜邊除掉。

8 上漆

將鼓身凹陷的小洞填平補土，然後漆上一層底漆，然後再補土，最後漆上買主指定的顏色，並釘上銅釘裝飾就完成一個好的鼓了。

▌完成的大鼓。

工藝

附錄：逛逛產業博物館

台灣各地有許多與產業、工藝相關的博物館或是文物館，是了解台灣產業歷史的好去處。下列本書中出現的博物館地址與電話資訊，各館的開放時間、票價及導覽服務等事項，請利用網路或是電話查詢。

大甲稻米產業文化館
台中市大甲區文武路10號
電話：（04）2686-3990

新平溪煤礦博物館
新北市平溪區新寮里(十分寮)頂寮子5號
電話：（02）2495-8680

坪林茶葉博物館
新北市坪林區水德里水聳淒坑19-1號
電話：（02）2665-6035

台灣鹽博物館
台南市七股區鹽埕村69號
電話：（06）780-0698

劍湖山世界咖啡博覽館
雲林縣古坑鄉永光村大湖口67號
電話：（05）582-5789

琉園水晶博物館（器透廊）
宜蘭縣五結鄉五濱路二段201號魯班街5館
電話：（03）910-8151

台灣糖業博物館
高雄市橋頭區橋南里糖廠路24號
電話：（07）611-9299#5

鶯歌陶瓷博物館
新北市鶯歌區文化路200號
電話：（02）8677-2727

華山文化創意產業園區（原台北酒廠）
台北市中正區八德路一段1號
電話：（02）2358-1914

中國家具博物館
桃園市縣府路二十一號（桃園市政府文化局B1）
電話：（03）332-2592分機8610

農委會水產試驗所水產陳列館
基隆市和一路199號
電話：（02）2462-2101

三義木雕博物館
苗栗縣三義鄉廣盛村廣聲新城88號
電話：（037）876009

黃金博物館
新北市瑞芳區金瓜石金光路8號
電話：（02）2496-2800

豐原漆藝館
台中市豐原區水源路1-1號（中正公園裡面）
電話：（04）2513-0177

》 參考書目

胡興華 (2005)《台灣的漁業》。遠足文化。

林木連等 (2007)《台灣的茶葉》。遠足文化。

余炳盛、方建能 (2003)《台灣的金礦》。遠足文化。

張志遠 (2004)《台灣的工藝》。遠足文化。

洪馨蘭 (2004)《台灣的菸業》。遠足文化。

黑潮海洋文教基金會 (2004)《台灣的漁港》。遠足文化。

羅秀華 (2004)《台灣的老行業》。遠足文化。

胡興華 (2004)《台灣的養殖漁業》。遠足文化。

余炳盛、方建能 (2005)《台灣的寶石》。遠足文化。

陳義方 (2005)《台灣的酒》。遠足文化。

林詩音 (2005)《台灣的休閒農業》。遠足文化。

吳東傑 (2006)《台灣的有機農業》。遠足文化。

胡文青 (2005)《台灣的咖啡》。遠足文化。

李怡君、廖俊彥 (2006)《台灣的特色博物館》。遠足文化。

賴克富等 (2006)《台灣的煤礦》。遠足文化。

姚鶴年 (2007)《台灣的林業》。遠足文化。

楊秋霖 (2007)《台灣的國家森林遊樂區》。遠足文化。

陳明言 (2007)《台灣的糖業》。遠足文化。

農委會農業試驗所 (2007)《台灣的鳳梨》。遠足文化。

魏稽生、嚴治民 (2008)《台灣的礦業》。遠足文化。

湯曉虞 (2008)《台灣的農村》。遠足文化。

》 圖片來源：

照片：本書照片除下列標註者外，均由廖俊彥、楊文卿、楊中介、呂遊、遠足文化資料中心提供。

洪馨蘭(P16左二、57、60)、蔡右任(P27下)、張如華(P37下)、賴正南(P38上)、宮青杉(P49)、吳志學(P56)、蔡昃樵(P183中)、林建豐(P190~215)

插畫：遠足文化資料中心(繪者包括玉顧明、王佩娟、金炫辰、李旭彬、吳淑惠、柯怡綸、蔡芸香、謝文瑰等)

THE ILLUSTRAED ENCYCLOPEDIA OF CONVENTIONAL INDUSTRIES

新裝珍藏版

一看就懂 台灣博覽

推　　薦　呂理政、吳連賞（依姓名筆劃排序）

編　　著　遠足地理百科編輯組

插　　畫　高華、吳淑惠、金炫辰、王顧明、楊碧月、王正洪、陳怡如、
　　　　　陳豐明、梅昌興、陳育仙、林姚吟、國家海洋科學研究中心

攝　　影　廖偉國、王鑫、鍾廣吉、陳育賢、吳志學、賴佩茹、黃丁盛、
　　　　　中央氣象局、林文智、楊建夫、呂遊

編輯顧問　呂學正、傅新書
特約主編　楊中介
特約美編　黃鈺涵
封面設計　汪熙陵
資深主編　賴虹伶
執 行 長　陳蕙慧

國家圖書館出版品預行編目(CIP)資料

一看就懂台灣博覽 / 遠足地理百科編輯組作.
-- 三版. -- 新北市：遠足文化, 2018.05
　　面；　公分
新裝珍藏版
ISBN978-957-8630-39-0 (平裝)

1.產業 2.臺灣

552.33　　　　　　　　　　　107006449

• 出　　版：遠足文化事業股份有限公司
• 發　　行：遠足文化事業股份有限公司（讀書共和國出版集團）
• 地　　址：231新北市新店區民權路108之2號9樓
• 郵撥帳號：19504465 遠足文化事業股份有限公司
• 電　　話：(02) 2218-1417
• 信　　箱：service@bookrep.com.tw

• 法律顧問 / 華洋法律事務所 蘇文生律師
• 印　　製 / 呈靖有限公司
• 出版日期 / 2018年5月（三版一刷）
　　　　　　2024年3月（三版九刷）
• 定價 / 399元
• ISBN 978-957-8630-39-0
• 書號 1NDN0024